Schaum's Foreign Language Series

Communicating in German

Intermediate Level

Lois M. Feuerle

Conrad J. Schmitt

McGraw-Hill, Inc.

New York   St. Louis   San Francisco   Auckland   Bogotá
Caracas   Hamburg   Lisbon   London   Madrid   Mexico City
Milan   Montreal   New Delhi   San Juan   São Paulo
Singapore   Sydney   Tokyo   Toronto

Sponsoring Editors: John Aliano, Meg Tobin
Production Supervisor: Denise Puryear
Editing Supervisors: Patty Andrews

Text Design and Composition: Suzanne Shetler/Literary Graphics
Cover Design: Merlin Communications and Amy E. Becker
Illustrations: Grace Coughlan/Grace Design
Art Pasteup: Graphic Connexions, Inc.
Printer and Binder: Arcata Graphics Martinsburg

Cover photographs courtesy of the German Information Center

Communicating in German Intermediate

3 4 5 6 7 8 9 10 11 12 13 14 15 AGM AGM 9

ISBN 0-07-056938-X

Library of Congress Cataloging-in-Publication Data
Feuerle, Lois.
    Communicating in German: intermediate level / Lois Feuerle, Conrad J. Schmitt.
        p.   cm. — (Schaum's foreign language series)
    Includes index.
    ISBN 0-07-056938-X
    l. German language — Conversation and phrase books — English.
    I. Schmitt, Conrad J.   II. Title.   III.   Series.
PF3121.F47   1994
438.3'421 — dc20   92-46151
                                                                                              CIP

About the Authors

Lois M. Feuerle

Lois M. Feuerle is Adjunct Assistant Professor of German and Translation in the Department of Foreign Languages at the New York University School of Continuing Education, where she is also the Coordinator of the Certificate in Translation Program. She has taught German to students of all ages, ranging from the first grade to university students and beyond. She has extensive experience teaching adult learners in a variety of contexts. Prior to teaching at NYU SCE, she taught German to students at the University of Kansas (both in Kansas and at the Intensive Language Institute in Holzkirchen, Germany), Marshall University, and the German Language School of Morris Plains. Dr. Feuerle's study of foreign language acquisition also includes work in applied linguistics and in teaching English as a Second Language. She has taught English to non-native speakers at the Pädagogische Hochschule in Kiel, Germany, and to upper-echelon executives at companies both in Germany and in the United States. After receiving an undergraduate degree in German and English from the University of Vermont, Ms. Feuerle studied Germanistik for two years at the Christian-Albrechts-Universität in Kiel, Germany, where she wrote her master's thesis in German under Dr. Erich Trunz. Ms. Feuerle also studied in Vienna and attended the Akademie für bildende Künste in Salzburg, Austria. She has worked and studied in German-speaking countries for an extended period of time. She has translated a number of books and law review articles as well as a wide variety of other legal materials from German into English. She holds both a Ph.D. from the University of Kansas and a J.D. from the School of Law at New York University.

Conrad J. Schmitt

Mr. Schmitt was Editor-in-Chief of Foreign Language, ESL, and bilingual publishing with McGraw-Hill Book Company. Prior to joining McGraw-Hill, Mr. Schmitt taught languages at all levels of instruction, from elementary school through college. He has taught Spanish at Montclair State College, Upper Montclair, New Jersey; French at Upsala College, East Orange, New Jersey; and Methods of Teaching a Foreign Language at the Graduate School of Education, Rutgers University, New Brunswick, New Jersey. He also served as Coordinator of Foreign Languages for the Hackensack, New Jersey Public Schools. Mr. Schmitt is the author of *Schaum's Outline of Spanish Grammar, Schaum's Outline of Spanish Vocabulary, Español: Comencemos, Español: Sigamos,* and the *Let's Speak Spanish* and *A Cada Paso* series. He is the coauthor of *Español: A Descubrirlo, Español: A Sentirlo, La Fuente Hispana,* the McGraw-Hill *Spanish: Saludos, Amistades, Perspectivas, Le Français: Commençons, Le Français: Continuons,* the McGraw-Hill French: *Rencontres, Connaissances, Illuminations, Schaum's Outline of Italian Grammar, Schaum's Outline of Italian Vocabulary,* and *Schaum's Outline of German Vocabulary.* Mr. Schmitt has traveled extensively throughout France, Martinique, Guadeloupe, Haiti, North Africa, Spain, Mexico, the Caribbean, Central America, and South America. He presently devotes his full time to writing, lecturing, and teaching.

Preface

To the Student

The purpose of the series *Communicating in German* is to provide the learner with the language needed to survive in situations in which German must be used. The major focus of the series is to give the learner essential vocabulary needed to communicate in everyday life. The type of vocabulary found in this series is frequently not presented in basal textbooks. For this reason, many students of German are reduced to silence when they attempt to use the language to meet their everyday needs. The objective of this series is to overcome this frustrating problem and to enable the learner to express himself or herself in practical situations.

The series consists of three books, which take the learner from a novice or elementary level of proficiency to an advanced level. The first book in the series presents the vocabulary needed to survive at an elementary level of proficiency and is intended for the student who has not had a great deal of exposure to the German language. The second book takes each communicative topic and provides the student with the tools needed to communicate at an intermediate level of proficiency. The third book is intended for the student who has a good basic command of the language but needs the specific vocabulary to communicate at a high intermediate or advanced level of proficiency. Let us take the communicative topic "speaking on the telephone" as an example of the way the vocabulary is sequenced in the series. The first book enables the novice learner to make a telephone call and leave a message. The second book expands on this and gives the learner the tools needed to place different types of calls. The third book provides the vocabulary necessary to explain the various problems one encounters while telephoning and also enables the speaker to get the necessary assistance to rectify the problems.

Since each chapter focuses on a real-life situation, the answers to most exercises and activities are open-ended. The learner should feel free to respond to any exercise based on his or her personal situation. When doing the exercises, one should not focus on grammatical accuracy. The possibility of making an error should not inhibit the learner from responding in a way that is, in fact, comprehensible to any native speaker of the language. If a person wishes to perfect his or her knowledge of grammar or structure, he or she should consult *Schaum's Outline of German Grammar, 3/ed.*

In case the student wishes to use this series as a reference tool, an Appendix appears at the end of each book. The Appendix contains an English-German vocabulary list that relates to each communicative topic presented in the book. These topical lists are cumulative. The list in the third book contains all the words in the first, second, and third books that are related to the topic.

In each lesson, the section entitled **Aus dem Alltag** sets up hypothetical situations the learner may encounter while attempting to survive in a German-speaking milieu. In carrying out the instructions in these activities, the student should react using any German he or she knows. Again, the student should not be inhibited by fear of making an error.

The section entitled **Einblick ins Leben** gives the learner the opportunity to see and read realia and articles that come from all areas of the German-speaking world. The intent of this section is to give the learner exposure to the types of material that one must read on a daily basis. It is hoped that the learner will build up the confidence to take an educated guess at what "real things" are all about without necessarily understanding every word. Communicating in the real world very often involves getting the main idea rather than comprehending every word.

To the Instructor

The series *Communicating in German* can be used as a self-instruction tool or as a supplement to any basal text. The first book is intended for novice to low intermediate speakers according to the ACTFL Guidelines. The second book provides the type of vocabulary needed to progress from a low to high intermediate level of proficiency, and the third book, from the high intermediate to the advanced level.

The series is developed to give students the lexicon they need to communicate their needs in real-life situations. It is recommended that students be permitted to respond to the exercises and activities freely without undue emphasis on syntactical accuracy.

To order, please specify ISBN 0-07-056934-7 for the novice/elementary level, ISBN 0-07-056938-X for the intermediate level, and ISBN 0-07-056941-X for the advanced level. For the latest prices, please call McGraw-Hill's customer relations department at 1-800-338-3987.

Lois M. Feuerle
Conrad J. Schmitt

Contents

Kapitel 1

Das Telefonieren

Wortschatz

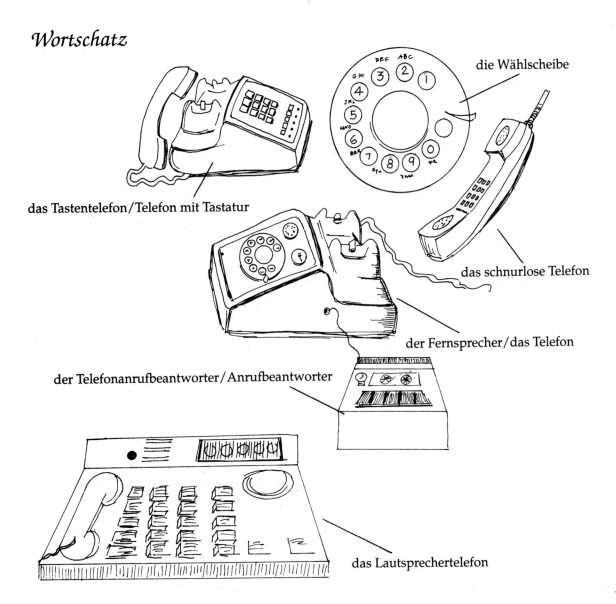

das Tastentelefon/Telefon mit Tastatur

die Wählscheibe

das schnurlose Telefon

der Fernsprecher/das Telefon

der Telefonanrufbeantworter/Anrufbeantworter

das Lautsprechertelefon

der Hörer

der Geldrückgabeknopf

der Münzeinwurf

der öffentliche Fernsprecher/Münzfernsprecher

Read the following:

Wenn man ein *Ortsgespräch* von einem öffentlichen Fernsprecher macht, muß man folgendes tun:	*local call*
Man *nimmt* den Hörer *ab*.	*picks up*
Man *wirft* die Münze *ein*.	*deposits*
Man wartet auf das *Amtszeichen (Freizeichen)*.	*dial tone*
Man *wählt* die Telefonnummer.	*dials*
Wenn man ein *Ferngespräch* macht, muß man auch eine *Vorwählnummer (Vorwahl)* benutzen.	*long-distance call* *area code*

Übung 1 Answer the questions based on the illustration.

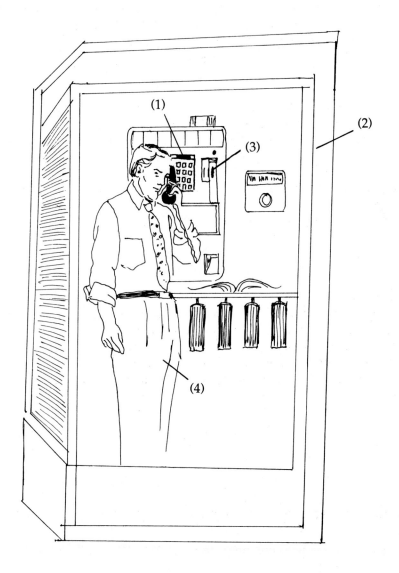

1. Ist das ein Telefon mit Wählscheibe oder mit Tastatur?
2. Ist das ein öffentlicher Fernsprecher oder ein Privatanschluß?
3. Ist das der Münzeinwurf oder der Geldrückgabeknopf?
4. Wartet der Herr auf das Amtszeichen oder wählt er die Telefonnummer?

Übung 2   Identify the following items.

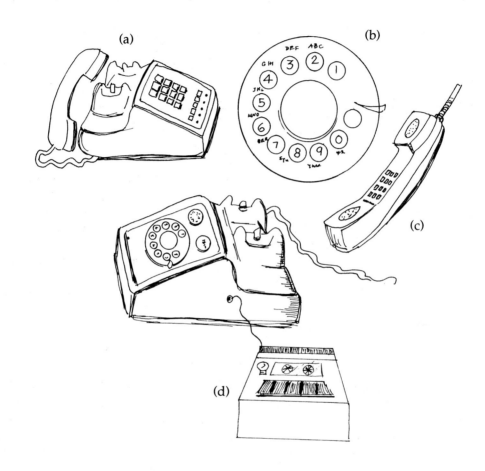

(a)

(b)

(c)

(d)

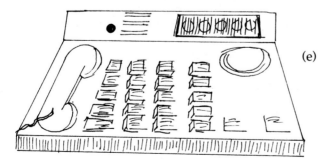

(e)

Übung 3   Complete the following telephone story.

Waltraud ist zu Hause und will mit einer Freundin telefonieren. Sie nimmt den _____ ab und wartet auf das _____. Dann _____ sie die Telefonnummer. Sie macht ein Ferngespräch und muß eine _____ benutzen.

Übung 4   Answer the following personal questions.

1. Wie ist Ihre Telefonnummer?
2. Wie ist Ihre Vorwählnummer?
3. Kann man bei Ihnen zu Hause ein Ferngespräch durchwählen *(direct dial)*?
4. Kann man bei Ihnen zu Hause ein Auslandsgespräch *(international call)* durchwählen, oder muß man die Vermittlung *(operator)* anrufen?
5. Haben Sie ein Telefon mit Wählscheibe oder Tastatur?
6. Haben Sie ein schnurloses Telefon?
7. Haben Sie einen Anrufbeantworter?
8. Wenn Sie einen Anrufbeantworter erreichen, was machen Sie? Hinterlassen Sie eine Nachricht oder legen Sie auf, ohne etwas zu sagen?

Verschiedene Anrufmöglichkeiten

Ortsgespräch
Ferngespräch
Auslandsgespräch
Personengespräch   *person-to-person call*
R-Gespräch (R = Rückfrage)   *collect call*
Kreditkartenanruf   *credit card call*

Übung 5 Identify the types of telephone calls described.

1. ein Gespräch von New York nach Los Angeles
2. ein Gespräch zwischen zwei Freundinnen in derselben Stadt
3. ein Gespräch von Boston in den USA nach Zürich in der Schweiz
4. ein Gespräch das Sie nicht zu Hause führen aber das Sie selbst bezahlen wollen
5. ein Gespräch bei dem Sie nur mit einer bestimmten Person sprechen wollen
6. ein Gespräch für das Sie die Gebühren nicht selbst bezahlen wollen

Gespräch

Ein Telefongespräch

PAUL	Meier.
ROLF	Rolf Schmidt hier. Kann ich bitte mit Paul sprechen?
PAUL	Hallo, Rolf. Ich bin's. Wie geht's dir?

TELEPHONE NOTES:

In German-speaking countries it is usually customary to identify oneself immediately when answering the telephone, e.g. **Schmidt, Herr Schmidt, Hier ist Schmidt, Hier spricht Schmidt,** etc. When making a telephone call, callers also give their names before asking for the person they are trying to reach. In a business setting the employee answering the telephone states the name of the company, just as we do in the United States.

When saying "Goodbye" on the telephone it is customary to say **Auf Wiederhören,** which literally means "until we hear each other again." (Cf. **Auf Wiedersehen.**) In more informal conversations with friends, people also use less formal idioms such as **Tschüß** *(so long),* **Bis später** or **Bis dann** *(til later),* etc.

On the telephone it is customary to use the form **zwo** instead of **zwei** for the number "two." This is done to avoid possible misunderstandings involving the numbers **zwei** and **drei** which can sound very similar over the phone.

On occasion, one can still encounter the older style pay phone that requires the user to press a button immediately upon hearing his or her party answer. Pressing the button causes the coin to drop and make the phone connection. Pay phones of this type are clearly marked.

Übung 6 Answer.

1. Meier.
2. Kann ich bitte mit Paul sprechen?

Noch ein Telefongespräch

—Suttner KG und Co. Guten Morgen. Mit wem möchten
   Sie sprechen?
—Kann ich mit Frau Böhme sprechen?
—Frau Böhme ist leider im Augenblick nicht hier.
—Kann ich *eine Nachricht hinterlassen*?   *leave a message*
—*Selbstverständlich*. Einen Moment, bitte. Bleiben Sie am   *Certainly*
   Apparat.
   (Einige Sekunden später)
   Hallo! Wie ist Ihre Name?
—Hier spricht *(give your name)*.
—Und die Nachricht?
—Sie soll mich bitte heute nachmittag *zurückrufen*.   *call back*
—Hat sie Ihre Telefonnummer?
—Ja, sie hat meine Nummer.

Übung 7   Answer the questions according to the cues.

1. Mit wem telefonieren Sie?   *meinem Freund/meiner Freundin*
2. Nimmt er (sie) selbst ab?   *nein*
3. Wer nimmt ab?   *seine (ihre) Mutter*
4. Ist Ihr Freund (Ihre Freundin) zu Hause?   *nein*
5. Können Sie eine Nachricht für ihn (sie) hinterlassen?   *ja*
6. Was ist die Nachricht?   *mich heute nachmittag zurückrufen*

Übung 8   Carry out the following in German.

1. The telephone just rang. Answer it and say something.
2. The person calling wants to speak with Frau Böhme. Explain that she is not in.
3. Ask the caller if she would like **(Möchten Sie)** to leave a message.

Wortschatz

Read the following directions for using a public telephone:

Nehmen Sie den Hörer ab.
Stecken Sie eine Münze in den Münzeinwurf.
Warten Sie auf das Amtszeichen.
Wählen Sie die Telefonnummer.
Warten Sie bis jemand abnimmt.
Drücken Sie auf den Knopf.   *Press the button.*
Legen Sie den Hörer auf, wenn Sie *fertig* sind.   *Hang up/finished*

Read the following:

   Man kann auch Telefongespräche mit einer Telefonkarte machen. Diese
Telefonkarten, die bei der Post zu kaufen sind, sind in verschiedenen Werten zu haben.
Wenn man dann später telefonieren will, steckt man die Karte in einen dafür vorgesehenen
Schlitz in einem speziellen öffentlichen Fernsprecher und die Kosten des Gespräches
werden automatisch abgezogen. Die ersten Telefonkarten, die auf dem Markt gekommen
sind, haben heute Sammlerwert *(collector's value)*.

Übung 9   Complete the following statements.

   1. Bevor man ein Telefongespräch von einem öffentlichen Fernsprecher macht, muß man
      den Hörer _____.
   2. Um ein Telefongespräch von einem öffentlichen Fernsprecher zu machen (um…zu =
      in order to), muß man eine _____ in den _____ im Münzfernsprecher stecken.
   3. Man muß auf das _____ warten, bevor man die Telefonnummer wählt.
   4. Jetzt klingelt *(rings)* das Telefon und man wartet bis jemand _____.
   5. Wenn man einen alten Münzfernsprecher benutzt, muß man auf den Knopf drücken
      sobald jemand den Hörer _____.
   6. Wenn die Person mit der man telefonieren will nicht da ist, kann man eine _____
      hinterlassen.
   7. Wenn niemand *(nobody)* antwortet, kann man später _____.

Übung 10   Choose the correct completion.

   1. Bevor man ein Telefongespräch von einem öffentlichen Fernsprecher machen kann,
      muß man den Hörer _____.
      a. abnehmen   b. auflegen   c. wählen
   2. Um ein Telefongespräch von einem öffentlichen Fernsprecher zu machen, muß man
      eine Münze in den _____ stecken.
      a. Hörer   b. Münzeinwurf   c. Telefonanruf
   3. Man muß auf das _____ warten, bevor man die Telefonnummer wählt.
      a. Amtszeichen   b. Gepäck   c. Ortsgespräch
   4. Man wählt die Telefonnummer mit der _____.
      a. Telefonzelle   b. Münze   c. Wählscheibe
   5. Um ein Ferngespräch zu machen, muß man die _____ wissen.
      a. Wählscheibe   b. Vorwählnummer   c. Nachricht
   6. Wenn das Telefon klingelt, nimmt man ab und sagt _____.
      a. Auf Wiederhören   b. Tschüß   c. seinen Namen
   7. Wenn man ein R-Gespräch machen will, muß man die _____ anrufen.
      a. Telefonzelle   b. Vermittlung   c. Adresse

AUS DEM ALLTAG

Beispiel 1

You are speaking with a telephone operator in Berlin.

1. You want to call a friend or relative in the States, but you do not know the country code **(die Landeskennzahl).** Ask the operator.
2. Ask the operator to give you the area code for Chicago.
3. Ask the operator if you can dial the international call directly.
4. The operator wants to know what kind of call you want to make. Tell him.

Beispiel 2

You are spending the summer in Vienna. You call a Viennese friend whom you met in school.

1. You know it is not your friend who answered. Ask if he is there.
2. The person who answered the phone informs you that your friend is not in. Ask her if you can leave a message.
3. Give her the message.

EINBLICK INS LEBEN

Beispiel 1

Read the following advertisement.

Answer the questions based on the advertisement you just read.

1. Wen stellt diese Telefonkarte dar? (**stellt... dar,** from **darstellen** = *to depict, picture*)
2. Wie lange war er Bundesaußenminister?
3. Welches Datum trägt diese Telefonkarte?
4. Für wieviel Geld kann man mit dieser Karte telefonieren?
5. Wenn man diese Karte bestellen will, wieviel kostet sie bei Krüger?

Kapitel 2

Auf der Post

Wortschatz

die Briefmarke

die Anschrift des Absenders

Frau Hildegard Runge
Bergstrabe 105
3280 Bad Pyrmont

Frau Luise Marie Feuerle
Hamburger Chaussee 111
2300 KIEL

Leichtathletik Europameisterschaft FUR DEN SPORT
80
+40
DEUTSCHE
BUNDESPOST

die Anschrift des Empfängers

die Postleitzahl

der Briefumschlag/Umschlag

Übung 1 Identify the following based on the envelope pictured above.

1. Frau Hildegard Runge
2. Bergstraße 105
3. 3280
4. Hamburger Chaussee 111
5. Porto für einen Inlandsbrief (*price of a letter within Germany*)

Übung 2   Give the following personal information.

1. Ihr Name
2. Ihre Adresse (Anschrift)
3. Ihre Stadt
4. Ihre Land *(country)*
5. Ihre Postleitzahl

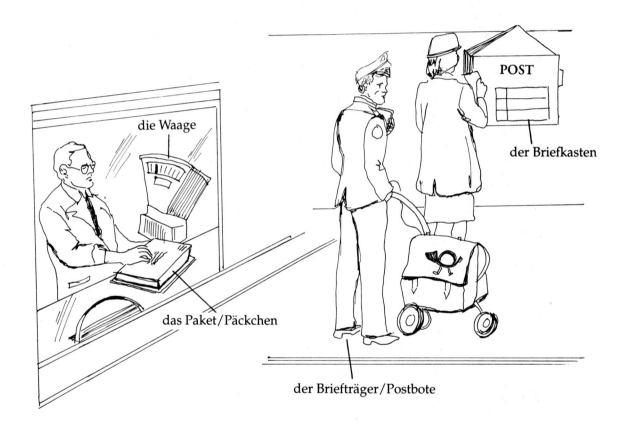

die Waage

der Briefkasten

das Paket/Päckchen

der Briefträger/Postbote

Read the following:

Ich schicke diesen Brief *per Einschreiben.*   registered
Der Empfänger holt seine Post selbst von seinem
   Postfach im Postamt ab.   post office box

Der Briefträger bringt die Post.
Die Post wird jeden Tag *außer* Sonntag *zugestellt.*   *except/delivered*

Frau Paustian schreibt Briefe.
Sie erledigt ihren *Briefverkehr.*   *correspondence*

Übung 3 Complete the following statements.

1. Der Briefträger bringt die _____ jeden Tag um 13.00 Uhr.
2. Ich habe ein _____ im Postamt. Deswegen bringt der Briefträger mir keine Post. Ich hole meine Post selbst vom Postamt.
3. Wenn man nicht weiß, wie schwer ein Paket ist, dann muß man es auf die _____ legen.
4. Dieser Brief ist sehr wichtig. Ich schicke ihn per _____.

Gespräch

Auf der Post

POSTBEAMTER	Guten Morgen.
KUNDE	Guten Morgen. Ich möchte diesen Brief per Einschreiben schicken.
POSTBEAMTER	Bitte füllen Sie dieses Formular aus. Schreiben Sie die Anschrift des Empfängers in *Blockschrift (Druckschrift).*

print, block letters

Übung 4 Answer the questions based on the preceding conversation.

1. Wie will der Kunde den Brief schicken?
2. Mit wem spricht er?
3. Was muß er ausfüllen?
4. Welche Angaben *(information)* muß er machen?
5. Wie muß er die Angaben schreiben?

Am Postschalter

POSTBEAMTIN	Guten Tag. Bitte schön.
KUNDIN	Ich möchte dieses Paket in die USA schicken.
POSTBEAMTIN	Wollen Sie es *versichern?*
KUNDIN	Ja, bitte. Der *Inhalt* ist *zerbrechlich.*
POSTBEAMTIN	Der Wert, bitte.
KUNDIN	Der Wert?
POSTBEAMTIN	Ja. Wie hoch wollen Sie das Paket versichern?
KUNDIN	Ach ja, einhundertundfünfzig Mark.

insure

contents/fragile

Übung 5 Answer the questions based on the preceding conversation.

1. Wo ist die Frau?
2. Was möchte sie abschicken?
3. Wohin will sie es abschicken?
4. Wie beschreibt sie den Inhalt des Pakets?
5. Will sie es versichern?
6. Wie hoch?

AUS DEM ALLTAG

Beispiel 1

You are in Lübeck and you want to send a letter to Hamburg. Ask someone what the zip code for Hamburg is, but be careful. On July 1, 1993, Germany switched from the old four-digit postal codes to a new five-digit system. Under the new system, it will no longer be necessary to write the branch post office numbers after city names. Two hundred and nine larger towns in Germany will receive several different postal codes.

Beispiel 2

You have rented an apartment in Würzburg for the summer. You would like to know what time the mail is delivered. Ask one of your new neighbors.

EINBLICK INS LEBEN

Beispiel 1

Read the following information about the post offices in Munich.

> Die Postämter in München sind Montags bis Freitags von 8.00 bis 19.00 Uhr geöffnet. Samstags sind sie nur von 8.00 bis 13.00 geöffnet. Falls Sie außerhalb dieser Zeiten etwas abschicken müssen, gehen Sie bitte zum Hauptpostamt, das rund um die Uhr sieben Tage der Woche geöffnet ist.

Give the following based on what you just read.

die Öffnungszeiten der Postämter in München

Beispiel 2

Read the following information regarding special services offered by the post office.

Eilbriefe sind Expreßbriefe. Sie werden mit der normalen Post befördert, werden aber dann durch einen Eilboten sofort zugestellt. Um einen Eilbrief zu schicken, muß man einen Zuschlag bezahlen.

Postanweisungen sind Geldsendungen, die auf der Post eingezahlt und durch die Post ausgetragen werden. Postanweisungen sind eine bequeme Weise Geld durch die Post zu schicken.

Einschreibesendungen (Briefe und Päckchen) sind zu empfehlen, wenn die Sendungen wichtig oder sehr wertvoll sind. Man muß ein Formular ausfüllen, bevor man zum Postschalter geht. Wenn man ganz sicher sein will, daß der Empfänger die Einschreibesendung bekommen hat, füllt man auch eine Empfangsbestätigung aus. Vergessen Sie night, Ihre Quittung aufzubewahren, falls der Brief oder das Päckchen nicht bei dem Adressat ankommt.

Say in German what it is that you need.

1. Sie wollen einen Brief schicken, der so schnell wie möglich ankommen soll.
2. Sie wollen einen Brief schicken, der sehr wichtig ist.
3. Sie wollen Beleg (*proof*) haben, daß Sie ein Päckchen geschickt haben.
4. Sie wollen wissen, ob der Empfänger das Päckchen bekommen hat.
5. Sie wollen jemandem Geld schicken.

Kapitel 3

Auf der Bank

Wortschatz

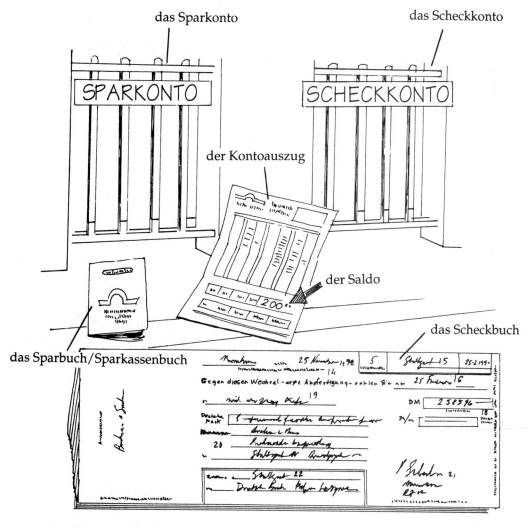

das Sparkonto

das Scheckkonto

der Kontoauszug

der Saldo

das Scheckbuch

das Sparbuch/Sparkassenbuch

NOTE   Many people in Germany have their checking account with the post office rather than with a bank. The checks are referred to as **Postschecks.**

| Die Kundin *löst* den Scheck *ein*. | *cashes* |
| Die Bank *löst* den Scheck *ein*. | *cashes* |

Read the following:

Er *unterschreibt* den Scheck.	*signs*
Er *unterzeichnet* den Scheck.	*signs*
Er *zahlt* Geld auf sein Konto *ein*.	*deposits*
Er *deponiert* Geld auf seinem Konto.	*deposits*
Er *hebt* Geld von seinem Konto *ab*.	*withdraws*

NOTE   Many financial transactions in the German-speaking countries and Europe in general are effected by direct transfer rather than by check.

| Er *überweist* Geld *auf* sein Konto. | *transfers/to* |
| Er *überweist* Geld *von* seinem Konto. | *transfers/from* |

Übung 1   Choose the correct completion.

1. Marian will ihr Geld sparen. Sie muß _____ eröffnen.
   a. ein Scheckkonto
   b. eine Wechselstube
   c. ein Sparkonto

2. Wenn sie viel Geld sparen will, muß sie _____.
   a. öfters Geld auf ihr Sparkonto einzahlen
   b. viele Schecks einlösen
   c. viel Geld von ihrem Sparkonto abheben
3. Marian will nicht immer mit Bargeld bezahlen. Es ist leichter für sie mit einem Scheck zu bezahlen, weil sie _____ hat.
   a. viel Bargeld
   b. ein Scheckkonto
   c. ein Sparkonto
4. Sie hat keine Schecks mehr. Sie braucht _____.
   a. ein neues Scheckbuch
   b. ein neues Sparbuch
   c. mehr Geld
5. Bevor man einen Scheck einlöst, muß man ihn _____.
   a. einzahlen
   b. abheben
   c. unterschreiben

Gespräch

Auf der Bank

KUNDE	Guten Tag. Ich möchte ein Scheckkonto eröffnen.
BANKBEAMTER	Bitte sehr. Haben Sie das Formular schon ausgefüllt?
KUNDE	Ja. Habe ich. Hier ist es.
BANKBEAMTER	Danke sehr. Und wieviel Geld möchten Sie jetzt einzahlen?
KUNDE	Achthundert Mark. Können Sie die achthundert Mark von meinem Sparkonto bei Ihnen abheben?
BANKBEAMTER	Selbstverständlich. Haben Sie Ihr Sparbuch mit? *(Ein paar Minuten später)* Sie bekommen Ihr Scheckbuch in ungefähr zehn Tagen.

Übung 2   Answer the questions based on the preceding conversation.

1. Was will der Kunde machen?
2. Hat er das Formular ausgefüllt?
3. Wieviel Geld will er auf sein neues Scheckkonto einzahlen?
4. Woher nimmt er das Geld?
5. Hat er ein Sparkonto bei derselben Bank?

6. Wird das Geld von seinem Sparkonto abgehoben und auf sein Scheckkonto eingezahlt?
7. Wann bekommt der Kunde sein Scheckbuch?

Übung 3   Answer the following questions based on your own financial affairs. You may make up fictitious answers if you wish.

1. Haben Sie viel Geld?
2. Haben Sie ein Sparkonto?
3. Bei welcher Bank haben Sie dieses Konto?
4. Zahlen Sie viel Geld auf Ihr Konto ein?
5. Sparen Sie gern?
6. Zahlen Sie Geld auf Ihr Sparkonto monatlich (jeden Monat), wöchentlich (jede Woche) oder vierteljährlich (alle drei Monate) ein?
7. Haben Sie auch ein Scheckkonto?
8. Bekommen Sie einen monatlichen Kontoauszug von Ihrer Bank?
9. Was war Ihr Saldo am Anfang dieses Monats? (Wieviel haben Sie auf Ihrem Scheckkonto?)
10. Bezahlen Sie Ihre Rechnungen lieber mit Bargeld oder Schecks?
11. Haben Sie auch eine Kreditkarte?
12. Benutzen Sie Ihre Kreditkarte oft?

AUS DEM ALLTAG

Beispiel 1

You are working in a bank in a city in the United States. A client of German-speaking background comes in. Assist him by speaking German with him.
1. Ask him if he wants to open a savings account or a checking account.
2. Ask him how much he wants to deposit in the account.
3. Explain to him that he must always have a balance of $100.

Beispiel 2

You are traveling through Germany and you have become quite friendly with Frauke Lorenzen, who is from Kiel. One day while seated at a café, you start to talk about money matters, but not of a very personal nature, since that would be regarded as impolite in Germany.
1. Frauke wants to know if credit cards are very popular in the United States. Tell her.
2. She wants to know if people in the United States save a lot of money. Tell her what you think.
3. She wants to know if you have a checking account. Tell her.
4. She wants to know if in the United States you can pay the check at a restaurant with a personal check. Tell her.
5. Explain to Frauke that most people in the United States pay a restaurant check with either cash or a credit card. Tell her that many restaurants and stores do not accept personal checks.

EINBLICK INS LEBEN

Beispiel 1

Read the following advertisement for the EUROCARD GOLD.

> Wenn Sie das nächste Mal Ihre Bank oder Sparkasse besuchen, fragen Sie Ihren Berater doch einfach nach der EUROCARD GOLD. Die gibt es zu einem erstaunlich günstigen Jahresbeitrag–mit einem Bündel von attraktiven Leistungen. In 170 Ländern der Welt sind Sie bei über 7 Millionen Akzeptanzstellen–weit mehr als 100 000 davon allein in Deutschland–immer ein gerngesehener Kunde und Gast: mit der EUROCARD GOLD Ihrer Bank oder Sparkasse: mehr Leistung, mehr Sicherheit, mehr Qualität.

Give the following expressions in German based on the advertisement.

1. savings bank
2. annual fee
3. places where the card is accepted
4. a welcome customer and guest

Answer the following questions based on this same advertisement.

1. Wo bekommt man die EUROCARD GOLD?
2. In wievielen Ländern wird die Karte akzeptiert?
3. Wieviele Akzeptanzstellen gibt es weltweit?
4. Wieviele gibt es in Deutschland?

Kapitel 4

Vom Flughafen ins Flugzeug

Wortschatz

Am Flughafen

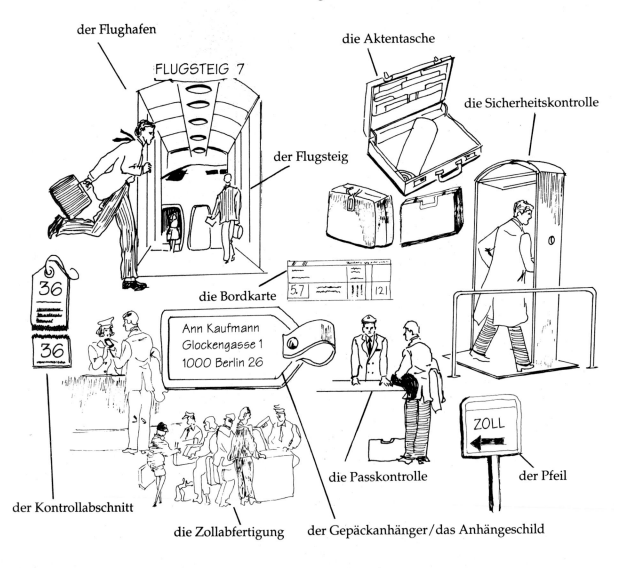

der Flughafen

FLUGSTEIG 7

die Aktentasche

die Sicherheitskontrolle

der Flugsteig

die Bordkarte

Ann Kaufmann
Glockengasse 1
1000 Berlin 26

die Passkontrolle

der Pfeil

ZOLL

der Kontrollabschnitt

die Zollabfertigung

der Gepäckanhänger/das Anhängeschild

Die Fluggäste holen ihr Gepäck ab.

Übung 1   Answer the questions based on the illustration.

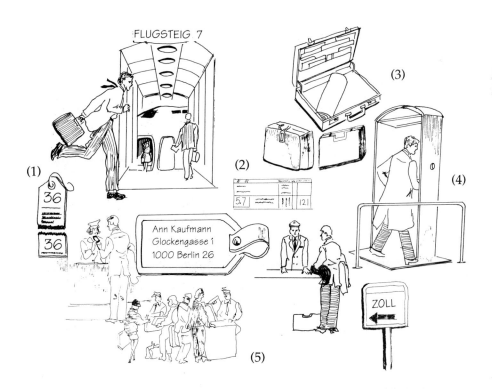

1. Ist das ein Kontrollabschnitt oder ein Gepäckanhänger?
2. Ist das eine Flugkarte oder eine Bordkarte?
3. Ist das ein Reisekoffer oder eine Aktentasche?
4. Ist das die Sicherheitskontrolle oder der Flugsteig?
5. Ist das die Passkontrolle oder die Zollabfertigung?

Read the following:

Der Flughafen hat zwei Hallen. Inlandsflüge fliegen von der Nordhalle ab und Auslandsflüge fliegen von der Südhalle ab.

Ein Auslandsflug ist ein internationaler Flug, das heißt er geht ins Ausland oder kommt aus dem Ausland.

Ein Inlandsflug fliegt nur innerhalb eines Landes.

Übung 2 Give the opposite of each of the following expressions.

1. Inland
2. Ausland
3. außerhalb
4. nord
5. anfliegen
6. inländisch

Übung 3 Try to explain the following in your own words.

Der Flughafen hat zwei Hallen. Warum?

Gespräch

Im Taxi

FAHRGAST	Zum Flughafen, bitte.
TAXIFAHRER	Wollen Sie die Nordflughalle oder die Südflughalle?
FAHRGAST	Ich weiß nicht. Ich kenne den Flughafen nicht.
TAXIFAHRER	Wohin fliegen Sie?
FAHRGAST	Nach Chicago.
TAXIFAHRER	Sie wollen die Südflughalle. Die Südflughalle ist nämlich für Auslandsflüge. Die Nordflughalle ist nur für Inlandsflüge.

Übung 4   Answer the questions based on the preceding conversation.

1. Mit wem spricht der Fahrgast?
2. Wohin will er fahren?
3. Welche Flughalle will er?
4. Wohin fliegt er?
5. Sein Flug fliegt von welcher Flughalle ab?
6. Woher wissen wir das?

Übung 5   Read the following announcement.

Lufthansa Flug Nummer 807 nach Hamburg ist zum Abflug bereit. Alle Fluggäste sind gebeten, zum Flugsteig 24 zu gehen.

Give the following information based on the announcement you just read.

1. die Fluglinie
2. die Flugnummer
3. der Zielort des Flugs
4. die Flugsteignummer

Gepäckabholung

FLUGGAST	Entschuldigung. Wo holt man sein Gepäck ab?
FLUGLINIEANGESTELLTER	Mit welchem Flug sind Sie angekommen?
FLUGGAST	Mit Lufthansa Flug 725 aus New York.
FLUGLINIEANGESTELLTER	Das Gepäck vom Flug 725 kommt auf Gepäckband D an.
FLUGGAST	Danke.
FLUGLINIEANGESTELLTER	Wenn sie nichts zu *verzollen* haben, folgen Sie dem grünen Pfeil. *declare*
FLUGGAST	Vielen Dank.
FLUGLINIEANGESTELLTER	Bitte sehr. *(Ein paar Minuten später)*
FLUGGAST	Können Sie mir mit meinem Gepäck helfen?
GEPÄCKTRÄGER	Gerne. Haben Sie den Kontrollabschnitt?
FLUGGAST	Ja. Hier ist er.

Übung 6   Answer the questions based on the preceding conversation.

1. Will der Fluggast sein Gepäck aufgeben oder abholen?
2. Ist er aus Chicago oder aus New York gekommen?
3. Holt er sein Gepäck vom Gepäckband D oder Gepäckband B ab?
4. Wenn er nichts zu verzollen hat, folgt er dem grünen oder dem roten Pfeil?
5. Wer hilft ihm mit seinem Gepäck? Der Ticketagent oder der Gepäckträger?
6. Was will der Gepäckträger sehen? Seine Flugkarte oder den Gepäckkontrollabschnitt?

Wortschatz

Im Flugzeug

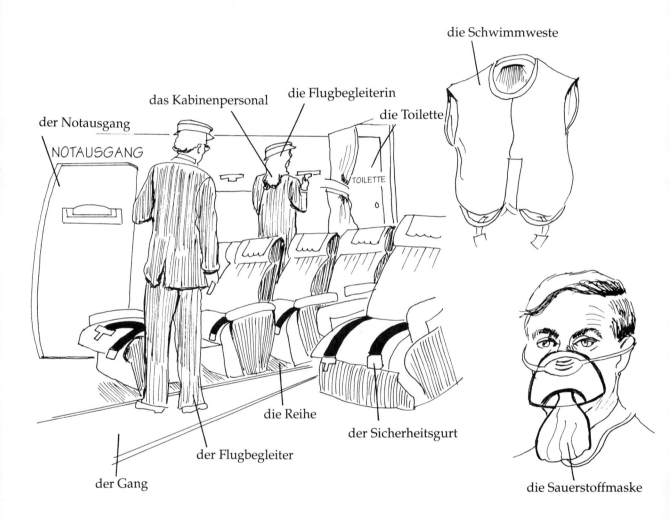

die Schwimmweste

das Kabinenpersonal

die Flugbegleiterin

der Notausgang

NOTAUSGANG

die Toilette

TOILETTE

die Reihe

der Flugbegleiter

der Sicherheitsgurt

der Gang

die Sauerstoffmaske

der Kopfhörer

das Kissen

die Decke

die Mahlzeit

die Getränke

der Abflug/Start

die Landung

Übung 7   Answer the following questions.

1. Wer arbeitet im Flugzeug? Der Ticketagent oder der Flugbegleiter?
2. Wo wäscht man sich die Hände? Im Gang oder in der Toilette?
3. Benutzen die Fluggäste bei Luftdruckabfall die Sauerstoffmasken oder die Schwimmwesten?
4. Müssen die Fluggäste während des Abflugs oder der Landung ihre Sicherheitsgurte anlegen oder eine Schwimmweste anziehen?
5. Müssen die Fluggäste bei einer unvorhergesehenen Wasserlandung eine Sauerstoffmaske anlegen oder eine Schwimmweste anziehen?
6. Steigen die Fluggäste nach der Landung ein oder aus?
7. Wer serviert die Mahlzeiten? Der Pilot oder das Kabinenpersonal?

Gespräch

Eine Durchsage

Meine Damen und Herren:
    Das Rauchen ist während des Starts und der Landung, in der Nichtraucherzone, und in den Gängen und Toiletten verboten. Wir machen unsere Fluggäste darauf aufmerksam, daß das Rauchen von Zigarren oder Pfeifen nicht erlaubt ist.

Übung 8   Based on the preceding announcement, give equivalent expressions.

1. die Passagiere
2. der Abflug
3. die Zone in der das Rauchen nicht erlaubt ist
4. nicht erlaubt
5. wann das Flugzeug landet

AUS DEM ALLTAG

Beispiel 1

You are on your way to the airport in Düsseldorf. You want to go to the terminal for domestic flights. Tell the taxi driver.

Beispiel 2

You are in the airport in Düsseldorf and your flight to Berlin has been delayed. You want to know at what time the flight will now leave and from what gate. Ask an agent.

Beispiel 3

You just arrived at the airport in Berlin on a flight from New York.
1. You want to know where to go to claim your luggage. Ask someone.
2. After you claim your bags, you proceed to customs. The agent wants to know if you have anything to declare. Tell her.
3. You need someone to help you with your luggage. Call a porter and ask him for help.

Beispiel 4

You are on a flight from Washington, D.C. to Zürich.

1. The plane is about to take off and the passenger seated next to you is about to light a cigarette. The flight attendant does not see him. Speak with the passenger.
2. You have decided you would like to watch the movie. You need a headset. Call a flight attendant and tell him what you want.
3. After the movie, you would like to take a nap. You would be more comfortable if you had a blanket and pillow. Call the flight attendant and tell him what you need.

EINBLICK INS LEBEN

Beispiel 1

Look at the following airline ticket.

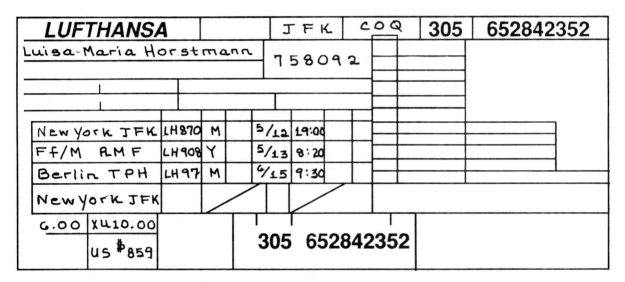

Give the following information based on the airline ticket.

1. der Name der Fluglinie
2. der Name des Fluggasts
3. die Nummer des ersten Flugs
4. der Abflugsort des ersten Flugs
5. der Zielort des ersten Flugs
6. das Datum des dritten Flugs
7. der Preis der Flugkarte

Beispiel 2

Look at the following boarding pass.

Bordkarte/boarding pass

Swissair

Name des Fluggasts/name of passenger
Büchner

von/from
JFK

nach/to
Zür

Flug/flight   Klasse/class   Datum/date   Abflug/time

6007   Y   11 MAY 20.20

Einsteigen/boarding   Sitz/seat

54 10.30   27L X

Flugsteig/gate   Zeit/time

Gewicht/weight

Complete the following statements based on the boarding pass.

1. Herr Büchner fliegt nach _____.
2. Er nimmt Flug Nummer _____.
3. Er fliegt am _____ *(date)* ab.
4. Er fliegt von _____ *(place)* ab.
5. Er fliegt vom Flugsteig _____ ab.
6. Er hat Sitz Nummer _____.
7. Der Sitz ist in der _____ Reihe.

Beispiel 3

Look at the following airline safety card.

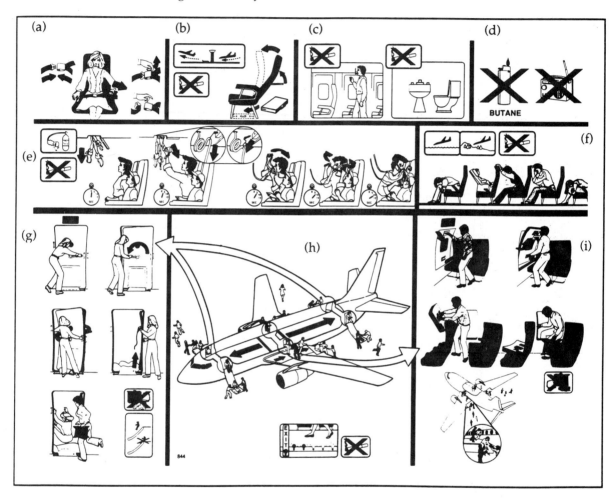

Identify the pictures that indicate the following information.

1. _____ Während des Starts und der Landung muß man den Sicherheitsgurt anlegen.
2. _____ Es ist verboten Radios, Fernseher, drahtlose Telefone und einige elektronische Spielzeuge während des Flugs zu benutzen.
3. _____ Das Rauchen in den Toiletten ist nicht erlaubt.
4. _____ Wo die Notausgänge sind.

Beispiel 4

Look at the following landing card for entry into the United Kingdom.

```
LANDING CARD
Immigration Act 1971
┌─────────────┬─────────────┐
│             │             │
└─────────────┴─────────────┘

Please complete clearly in BLOCK CAPITALS Por favor completar claramente en MAYUSCULAS
Veuillez remplir lisiblement en LETTTRES MAJUSCULES Bitte deutlich in DRÜCKSCHRIFT ausfüllen

Family name
Nom de famile
Apellidos
Familienname ......... Lorand ...........................................
Forenames                                                          Sex
Prenoms                                                            Sexe
Nombre(s) de Pila   Charles A.                                     Sexo (M,F) M
Vornamen ........................................ Geschlecht
Date of birth   Day    Month    Year      Place of birth
Date de naissance                         Lieu de naissance   Brooklyn,
Fecha de nacimiento  1 2 1 2 3 0 Lugar de nacimiento   N Y
Geburtsdatum                              Geburtsort ..................
Nationality                               Occupation
Nationalite                               Profession
Nacionalidad   U. S. A.                   Profesion   Chemist
Staatsangehörigkeit .................     Beruf ....................
Address in United Kingdom
Adresse en Royaume Uni
Direccion en el Reino Unido   32 Russell Sq., London
Adresse im Vereinigten Königreich ..........................

Charles A. Lorand
Signature
Firma                    ┌──────────────────────┐
Unterschrift             │  VV  365  739        │
                         └──────────────────────┘
For official use /Reserve usage officiel/Para uso oficial Nur für den Dienstgebrauch
CAT ┌──────┐ - 16 ┌────┐  CODE ┌────┐ NAT ┌──────┐  POL ┌────┐
    │      │      │    │       │    │     │      │      │    │
    └──────┘      └────┘       └────┘     └──────┘      └────┘
```

Give the following expressions in German based on the landing card.

1. first name
2. family name
3. birth date
4. place of birth
5. occupation

Beispiel 5

Read the following information that is useful for passengers arriving in and departing from Frankfurt/Main by plane.

> Der Rhein-Main Flughafen in Frankfurt/Main ist mit öffentlichen
> Verkehrsmitteln leicht zu erreichen. Man kann mit der Bundesbahn
> oder der U-Bahn direkt zum Flughafen fahren. Sogar die besonders
> schnellen Intercity Züge halten direkt im Flughafen. Für Reisende,
> die mit Lufthansa fliegen, kostet die Bahnfahrt nichts. Darüber
> hinaus kann man mit dem Autobus oder Taxi zum Flughafen fahren.

Answer the questions based on the preceding information.

1. Mit welchen öffentlichen Verkehrsmitteln kann man den Frankfurter Flughafen erreichen?
2. Wieviel kostet die Bahnfahrt für Reisende, die mit Lufthansa fliegen?

Kapitel 5

Die Bahn

Wortschatz

Im Bahnhof

der Fahrkartenschalter/Schalter

das Gepäckschließfach

der Gepäckschein

die Bahnhofsgaststätte

die Gepäckaufbewahrung

der Kiosk

der Wartesaal

der Gepäckträger

Rechtzeitig oder mit Verspätung?

Der Zug nach Flensburg hat Verspätung.
Er fährt nicht rechtzeitig ab.
Er fährt mit 45 Minuten Verspätung ab.

Übung 1 Complete the following statements.

1. Während Sie auf den Zug warten, wollen Sie etwas essen. Sie gehen zur _____.
2. Die Fahrgäste kaufen ihre Fahrkarten am _____.
3. Sie warten auf den Zug im _____.
4. Wenn man eine Zeitung oder Zeitschrift während der Fahrt lesen will, kauft man sie am _____.
5. Wenn man den Koffer am Bahnhof lassen will, während man eine Stadtrundfahrt macht, kann man ihn in ein _____ tun.
6. Wenn man das Gepäck bei der Gepäckaufbewahrung abgibt, bekommt man einen _____.
7. Wenn man Hilfe mit dem Gepäck braucht, dann ruft man einen _____.
8. Der Zug fährt nicht rechtzeitig ab. Er hat 45 Minuten _____.

Übung 2 Tell where you are going in the train station.

1. Ich will unsere Fahrkarten kaufen.
2. Ich habe Hunger.
3. Ich will sitzen.
4. Ich lasse mein Gepäck am Bahnhof.
5. Ich will eine Zeitschrift kaufen.

Gespräch

Im Bahnhof

KARL	Ach! Unser Zug hat eine Stunde Verspätung.
BARBARA	Er hat Verspätung? Wer hat dir das gesagt?
KARL	Niemand. Schau die *Ankunftsanzeige* an.
BARBARA	Ach du liebe Zeit! Du hast recht. Flensburg— 55 Minuten Verspätung. Wegen des schlechten Wetters. Sonst haben die Züge in Deutschland nie Verspätung. Willst du etwas essen?
KARL	Gerne. Wollen wir zur Bahnhofsgaststätte gehen?

arrivals board

Übung 3 Answer the questions based on the preceding conversation.

1. Wo sind Karl und Barbara?
2. Wohin fahren sie?
3. Wollen sie mit dem Flugzeug fliegen?
4. Wieviel Verspätung hat der Zug?
5. Woher wissen Karl und Barbara, daß der Zug Verspätung hat?
6. Was wollen Karl und Barbara jetzt machen?

Wortschatz

Züge in Deutschland

Read the following:

> **der Trans-Europe-Express (TEE)**   Die TEE Züge sind am schnellsten. Sie sind modern, luxuriös und teuer. Sie haben nur erste Klasse.
>
> **der Intercity (oder IC-Zug)**   Die IC-Züge sind auch sehr schnell und auch teuer. Sie verbinden die wichtigsten deutschen Städte und sind sehr beliebt.
>
> **D-Züge**   verbinden Städte, die nicht an das IC-Netz angeschlossen sind. Sie sind auch Expresszüge, aber sie fahren langsamer als TEE oder IC-Züge.
>
> **E-Züge (Eilzüge)**   halten öfter an und fahren langsamer.
>
> **Personenzügen**   halten an allen Stationen.

Übung 4   Complete the following statements.

1. Ich will den _____ nicht nehmen. Er ist zu langsam; er hält an allen Stationen.
2. Ich nehme nie den _____. Er ist am schnellsten, aber ich bin Student und habe nicht viel Geld.
3. Ich will meine Tante besuchen. Sie wohnt in einer kleineren Stadt. Der D-Zug hält dort nicht. Ich nehme einen _____.
4. Ich bin Top-Manager bei meiner Firma und habe sehr wenig Zeit. Ich muß Kunden in Paris besuchen. Ich nehme den _____ oder _____.

Platzreservierungen

Read the following:

> Wenn man eine Bahnfahrt während der Sommerferien machen will, soll man eine Platzreservierung machen. Mit einer Platzkarte ist der Sitzplatz garantiert. Man kann eine Platzkarte am Fahrkartenschalter im Bahnhof oder im Reisebüro kaufen. Man kann auch eine Platzkarte per Telefon reservieren.

Übung 5   Answer the following questions.

1. Wann soll man eine Platzkarte kaufen?
2. Was garantiert einen Sitzplatz?
3. Wo kann man eine Platzkarte kaufen?
4. Kann man das per Telefon machen?

Im Zug

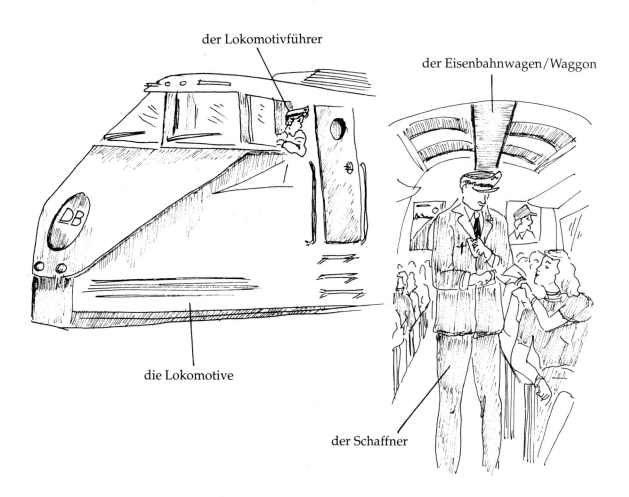

der Lokomotivführer

der Eisenbahnwagen/Waggon

die Lokomotive

der Schaffner

Read the following:

Der Schaffner geht durch die Waggons.
Er *kontrolliert* die Fahrkarten.   *checks*
Er *locht (knipst)* die Fahrkarten.   *punches*

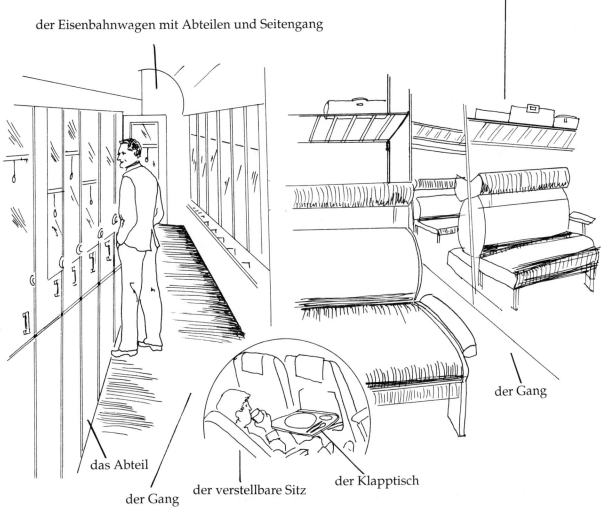

der Durchgangswagen/der Eisenbahnwagen mit Mittelgang

der Eisenbahnwagen mit Abteilen und Seitengang

der Gang

das Abteil

der Gang

der verstellbare Sitz

der Klapptisch

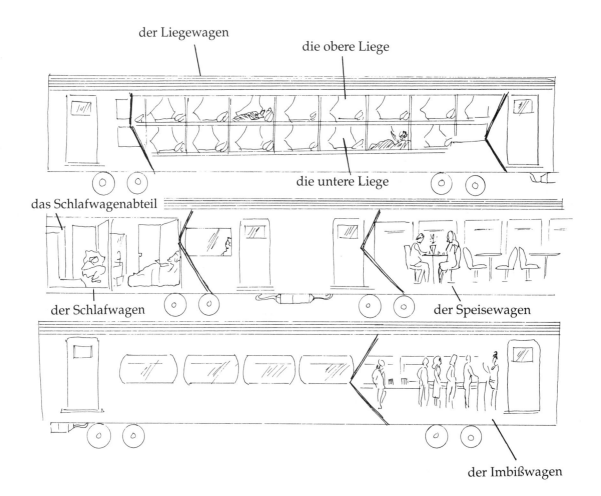

der Liegewagen

die obere Liege

die untere Liege

das Schlafwagenabteil

der Schlafwagen

der Speisewagen

der Imbißwagen

Übung 6 Answer the questions based on the illustration.

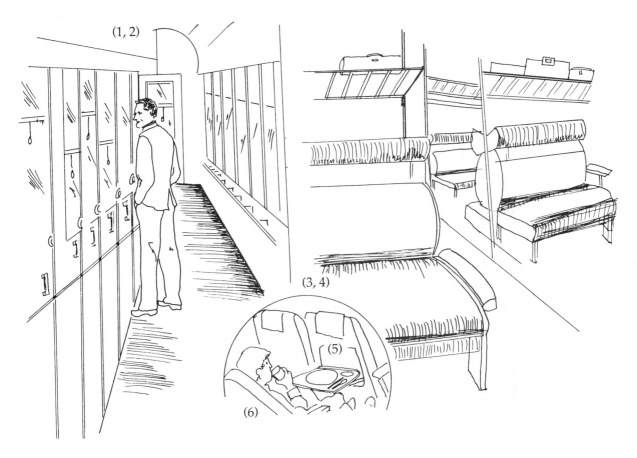

1. Ist das ein Eisenbahnwagen mit Abteilen oder ohne Abteile?
2. Ist das ein Eisenbahnwagen mit Mittelgang oder Seitengang?
3. Ist das der Schaffner oder ein Fahrgast?
4. Ist das eine Lokomotive oder ein Eisenbahnwagen?
5. Ist das ein Sitz oder ein Tisch?
6. Ist das ein verstellbarer Sitz oder ein Klapptisch?

Übung 7 Complete the following sentences.

1. Der _____ fährt den Zug.
2. Der _____ geht durch die Waggons, um die Fahrkarten zu kontrollieren.
3. Er kontrolliert die Fahrkarten und _____ sie.
4. Ein Eisenbahnwagen mit Abteilen hat einen _____, und ein Eisenbahnwagen ohne Abteile hat einen _____.

Was ist der Unterschied?

der Eisenbahnwagen mit Abteilen / der Eisenbahnwagen ohne Abteile

Die meisten alten Eisenbahnwagen haben Abteile. Der Gang ist auf einer Seite des Wagens. Die Abteile haben sechs Sitzplätze in der ersten Klasse und acht Sitzplätze in der zweiten Klasse.

Viele neue Eisenbahnwagen haben keine Abteile. Der Gang ist in der Mitte des Wagens. Die Sitzplätze sind auf beiden Seiten des Gangs. Die Sitze sind verstellbar und haben normalerweise einen Klapptisch. Die Sitze in der ersten Klasse sind geräumiger und ein bißchen bequemer.

Wenn man einen Platz reservieren will, bezahlt man extra für eine Platzkarte. Die Platznummer steht auf der Platzkarte.

der Liegewagen / der Schlafwagen

Ein Liegewagen hat sechs kleine Klappbetten in jedem Abteil.
Im Schlafwagen gibt es richtige Betten.

der Speisewagen / der Imbißwagen

Ein Speisewagen hat einen Speiseraum, in dem die Fahrgäste essen, und eine Zugküche, in der das Essen zubereitet wird.

Der Imbißwagen ist ein Selbstbedienungsrestaurant, in dem man Getränke und Imbisse kaufen kann.

Übung 8   Answer the following questions.

1. Haben Eisenbahnwagen in den USA Abteile oder nicht?
2. Haben in Deutschland die neuen oder die alten Eisenbahnwagen Abteile?
3. Wo ist es bequemer, in einem Liegewagen oder in einem Schlafwagen?
4. Was kostet mehr? Ein Liegewagen oder ein Schlafwagen?
5. Wo ist es eleganter? Im Speisewagen oder im Imbißwagen?
6. Was ist Selbstbedienung?
7. Wer serviert die Mahlzeiten im Speisewagen?

Gespräch

Alles einsteigen!

SCHAFFNER	Alles einsteigen! Alles einsteigen!
SIE	Der Zug fährt ab. Wir müssen einsteigen.
FREUNDIN	Gut. Machen wir.
	(Sie steigen ein)
SIE	*(Sie schauen in ein Abteil)* Da sind noch zwei Plätze frei.
FREUNDIN	Entschuldigung. Sind diese Plätze noch frei?
FAHRGAST	Nein. Ich glaube, sie sind reserviert.
SIE	Reserviert?
FREUNDIN	Aber sie sind nicht besetzt. Niemand sitzt da.
FAHRGAST	Noch nicht. Aber die Plätze sind ab Wiesbaden reserviert.
SIE	Ach, verzeihen Sie. Das habe ich nicht verstanden. Sie sind noch frei, aber sie sind reserviert.
FAHRGAST	Jawohl.
SCHAFFNER	Fahrkarten, bitte.
SIE	Haben wir auch reservierte Plätze?
SCHAFFNER	In diesem Zug sind alle Plätze reserviert. Sie haben Plätze 14 und 15 im Waggon 12.

Übung 9 Complete the statements based on the preceding conversation.

1. Der Schaffner ruft _____.
2. Die Fahrgäste müssen _____.
3. Ich schaue in ein Abteil und sehe _____.
4. Aber der Fahrgast in dem Abteil sagt mir, daß die Plätze _____ sind.
5. Die Freundin sagt, daß _____ da sitzt.
6. Der _____ erklärt, daß jemand, der in Wiesbaden einsteigt, die Plätze reserviert hat.
7. Der Schaffner will _____ sehen.
8. Er erklärt, daß alle Plätze in diesem Zug _____ sind.
9. Wir haben Plätze _____ und _____ im _____ 12.

AUS DEM ALLTAG

Beispiel 1

You are in the train station in Freiburg. You have several hours to wait for the departure of your train.

1. Go to the baggage check and explain that you want to check your baggage.
2. The checker gives you one stub. But you gave him two bags. You wonder if you need another check stub. Ask him.
3. You are hungry. Ask someone if there is a place to eat in the station.
4. You want to check on the status of your train. You want to find the board that shows train departures. Ask someone where it is.

Beispiel 2

You are in Hamburg and you telephone the Deutsche Bundesbahn to make a reservation to go to Munich.

1. Find out if the TEE goes to Munich.
2. Ask how much the ticket costs.
3. The price is too expensive. Tell the ticket agent you want to take a **D-Zug.**
4. The ticket agent wants to know your date of departure, how many seats you want, and what time you want to leave. Give her the information.
5. You do not know if it is necessary to have reserved seats on this train. Find out.

Kapitel 6

Beim Autoverleih

Wortschatz

Beim Autoverleih

Read the following:

Sie sind beim Autoverleih und wollen einen zweitürigen Kompaktwagen mit unbeschränkter Kilometerzahl für zwei Wochen mieten. Die Versicherung ist im Preis inbegriffen, aber sie müssen das Benzin selbst bezahlen. Der Angestellte verlangt Ihren Führerschein und eine Kreditkarte. (Ohne Kreditkarte ist es fast unmöglich, ein Auto zu mieten, weil Autoverleihe Sicherheit brauchen). Sie unterschreiben den Automietvertrag. Der Angestellte gibt Ihnen eine Kopie des Automietvertrags und den Autoschlüssel. Sie sind jetzt auf dem Parkplatz des Autoverleihs. Sie kontrollieren vorsichtshalber den Zustand des Autos, bevor Sie ins Auto einsteigen und wegfahren.

Übung 1 Answer the questions based on the preceding information.

1. Wo sind Sie?
2. Was wollen Sie mieten?
3. Beschreiben Sie das Auto, das Sie mieten wollen.
4. Wie lange wollen Sie das Auto mieten?
5. Was ist im Preis inbegriffen?
6. Was ist nicht im Preis inbegriffen?
7. Wem bezahlen Sie?
8. Warum ist es fast unmöglich, ohne Kreditkarte ein Auto zu mieten?
9. Was unterschreiben Sie?
10. Was gibt der Angestellte Ihnen?
11. Wohin gehen Sie jetzt?
12. Was machen Sie, bevor Sie wegfahren?

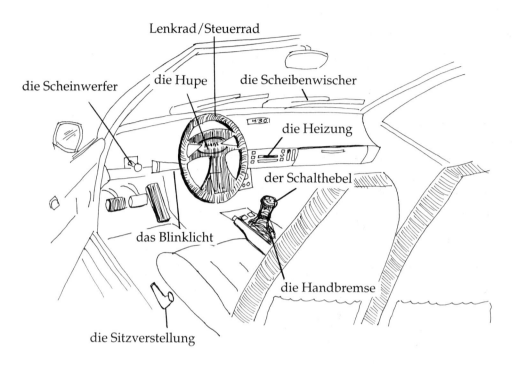

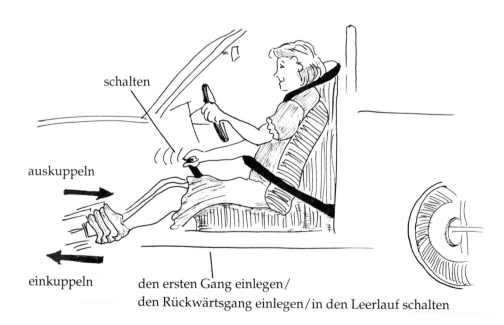

Übung 2 Answer the questions based on the illustration.

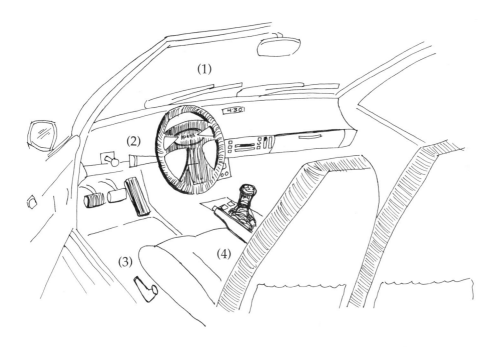

1. Sind das die Scheinwerfer oder die Scheibenwischer?
2. Ist das die Hupe oder das Blinklicht?
3. Ist das die Heizung oder die Sitzverstellung?
4. Ist das der Schalthebel oder die Handbremse?
5. Bevor man den Gang einschalte, kuppelt man ein oder kuppelt man aus?
6. Hat ein Auto zwei oder vier Vorwärtsgänge?

Übung 3 Ask the car rental employee how to make the following work.

Wie schaltet man das (die) _____ ein?
Wie funktioniert/funktionieren _____?

1. die Scheinwerfer
2. die Heizung
3. die Scheibenwischer
4. das Blinklicht

Gespräch

Beim Autoverleih

SIE	Wissen Sie, mein Auto hat ein Automatikgetriebe. Ich fahre jetzt zum ersten Mal ein Auto mit Gangschaltung.
ANGESTELLTER	Kein Problem. Ich zeige Ihnen, wie man das macht. Schauen Sie—um den Rückwärtsgang einzulegen, drücken Sie auf den Schalthebel so. Hier ist der Leerlauf—erster Gang, zweiter Gang, dritter Gang und vierter Gang. Wenn man schalten will, muß man auskuppeln und dann langsam einkuppeln. Sie wissen, das ist das Kupplungspedal, nicht wahr?
SIE	*(lächelnd)* Ja, das weiß ich. Und das andere Pedal ist das Bremspedal.
ANGESTELLTER	Klar. Sie kennen *das Armaturenbrett?*
SIE	Ja, Es ist fast genau wie meins—viele *Schalter* und *Knöpfe*. Sagen Sie, wie funktionieren die Scheinwerfer?
ANGESTELLTER	Dieser Schalter ist für das *Standlicht*, dieser für das *Abblendlicht*. Für das *Fernlicht* betätigen Sie diesen Hebel und hier ist der Schalter für die *Nebelscheinwerfer*.
SIE	Recht schönen Dank.

Glossary (right margin):
dashboard
switches
buttons
parking lights
low beams/high beams
fog lights

Übung 4   Correct the following false statements.

1. Mein Auto hat Gangschaltung.
2. Man drückt auf den Scheinwerferknopf, um in den Rückwärtsgang zu schalten.
3. Man tritt auf das Bremspedal, um in den Leerlauf zu schalten.
4. Wenn man schalten will, soll man ganz schnell einkuppeln und auskuppeln.

Übung 5   Make a list of the various light beams.

Wortschatz

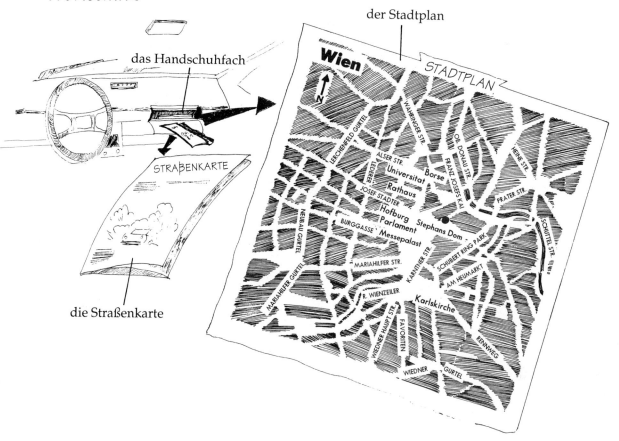

das Handschuhfach

der Stadtplan

die Straßenkarte

STRAßENKARTE

STADTPLAN

Wien

WÄHRINGER STR.
LERCHENFELD GÜRTEL
ALSER STR.
LEDERER
JOSEF STADTER
Universität
Rathaus
Börse
FRANZ JOSEFS KAI
OB. DONAU STR.
HEINE STR.
PRATER STR.
NEUBAU GÜRTEL
Hofburg
Parlament
Stephans Dom
SCHÜTTEL STR.
BURGGASSE
Messepalast
KÄRNTNER STR.
SCHUBERT RING PARK
MARIAHILFER GÜRTEL
MARIAHILFER STR.
AM HEUMARKT
R. WIENZEILER
Karlskirche
RENNWEG
WIEDNER HAUPT STR.
FAVORITEN
WIEDNER GÜRTEL

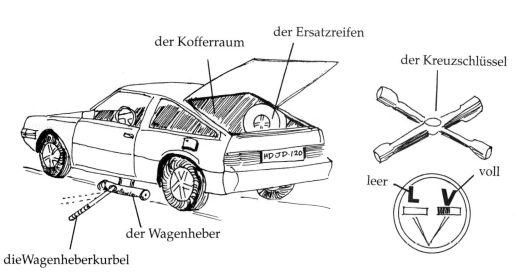

der Kofferraum

der Ersatzreifen

der Kreuzschlüssel

HDJD·120

leer · voll

L V

der Wagenheber

dieWagenheberkurbel

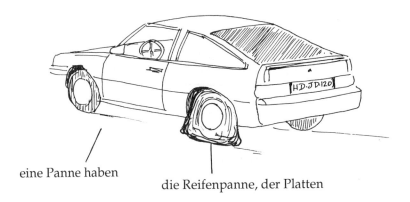

eine Panne haben

die Reifenpanne, der Platten

Übung 6   Identify each item.

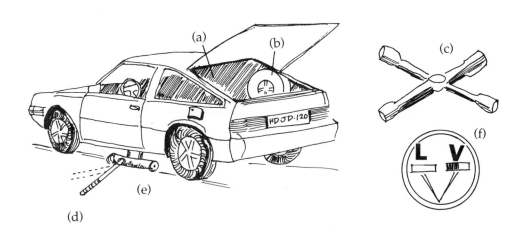

Gespräch

Bei einem Autoverleih

KUNDE   Ich habe mich verirrt, weil ich die Stadt nicht
        kenne. Ich will zum Flughafen. Bitte, können
        Sie mir sagen, wie man am besten zum Flughafen
        kommt? Ich glaube, ich sollte Landstraße 31
        Richtung Süden nehmen.
ANGESTELLTER   Richtig. Ich zeige Ihnen den Weg auf der Landkarte.
        Es ist sehr einfach, und Sie vermeiden die Stadtmitte.

Übung 7   Answer the questions as if you were the person in the preceding conversation.

1. Sie haben Sich verirrt? Warum?
2. Wohin wollen Sie?
3. Welche Landstraße suchen Sie?
4. Was zeigt Ihnen der Angestellte beim Autoverleih?
5. Was können Sie vermeiden?

Übung 8   Complete the following paragraph.

Bevor ich losfahre *(drive off)*, mache ich den _____ auf. Ich kontrolliere, ob
_____ und _____ da sind. Und auch der _____. Die sind sehr wichtig, falls
man unterwegs einen Platten hat.

Übung 9   Complete the following mini-conversation.

SIE   Sie haben gesagt, daß der Kunde das Benzin
        bezahlen muß?
ANGESTELLTER   Ja. Das stimmt.
SIE   Aber beim Autoabholen ist der _____ voll?
ANGESTELLTER   Nein. *Im Gegenteil.* Der Tank ist fast _____.   *On the contrary.*

AUS DEM ALLTAG

Beispiel 1

You have just arrived on a flight at the small airport in Graz in Austria. You want to rent a
car, so you proceed immediately to the counter of the car rental agency.
1. Tell the agent what you want.
2. She asks what type of car you want. Tell her.
3. She wants to know for how long you want the car. Tell her.

4. You want to know the price for the rental. Ask her.
5. Find out if you have unlimited mileage. Ask her and remember to use the word for kilometer.
6. You want to know if the insurance is included. Ask the agent.
7. You want to know if the gas is included. Ask her.
8. The agent wants to know if you have a driver's license. Tell her.
9. She wants to know if you have a credit card. Tell her.
10. She wants to know where you will return the car. Tell her.

EINBLICK INS LEBEN

Beispiel 1

Read the following information about car rentals that appears in a guidebook for Germans traveling to the United States.

Autovermietung

Um ein Auto zu mieten, muß man mindestens 18, 21 oder sogar 25 Jahre alt sein, je nach Vermieter. Man muß einen gültigen Führerschein aus seinem Heimatland oder einen internationalen Führerschein vorzeigen. Eine Kreditkarte ist erforderlich: sie dient als Sicherheit gegen etwaige Autoschäden und garantiert das die Rechnung bezahlt wird. Reiseschecks werden angenommen, Bargeld nicht immer. Man kann einen Wagen mit Automatikgetriebe wählen, aber Autos mit Gangschaltung sind auch erhältlich. Vergessen Sie nicht, daß amerikanische Autos oft größer als europäische Autos sind. Man kann einen Wagen pro Tag, pro Woche oder pro Monat mit unbegrenzter Kilometerzahl mieten. Versicherung ist im Mietpreis inbegriffen. Man kann aber auch zusätzliche Schadensversicherung kaufen. Kompaktwagen kosten weniger als Standardmodelle. Die größten Autoverleihfirmen bieten Sonderpreise für Wochenendverleih an (Freitag 12.00 Uhr bis Montag 12.00 Uhr). Man kann eine Reservierung bei einem Autoverleih in Europa schon vor der Abfahrt machen und das Auto wird am Flughafen bereitstehen. Genau wie überall, muß man vorsichtig sein, wenn man die Nummer der Kreditkarte angibt.

You are in Germany and some friends are planning a trip to the United States. Based on the information you just read in the guidebook, explain the following to them.

1. das erforderliche Alter, um ein Auto in den USA zu mieten
2. warum es wirklich erforderlich ist, eine Kreditkarte zu haben
3. was für einen Führerschein man haben muß
4. wie man für einen Leihwagen bezahlt
5. welche Autos billiger sind
6. Wochenendsonderpreise

Kapitel 7

An der Tankstelle

Wortschatz

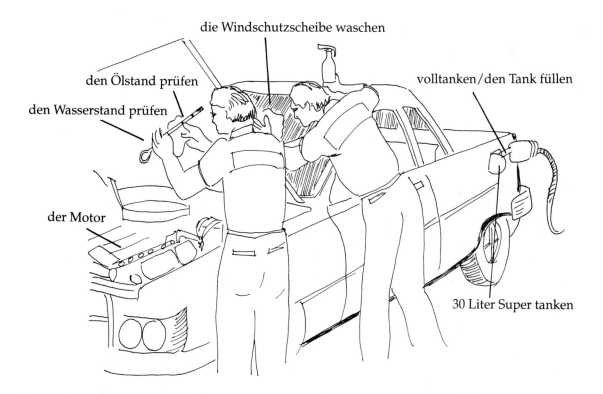

die Windschutzscheibe waschen

den Ölstand prüfen

den Wasserstand prüfen

volltanken/den Tank füllen

der Motor

30 Liter Super tanken

NOTE Gas for your car is frequently referred to as **(der) Sprit** in colloquial speech.

Read the following:

Motoröl nachfüllen.
Batteriewasser nachfüllen
Kühlwasser nachfüllen

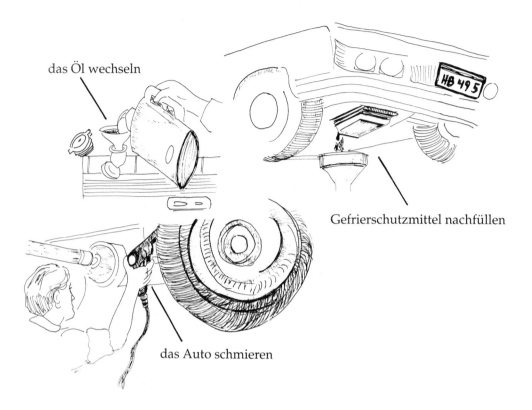

das Öl wechseln

Gefrierschutzmittel nachfüllen

das Auto schmieren

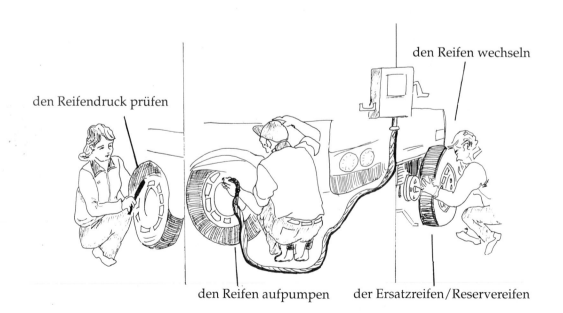

den Reifen wechseln

den Reifendruck prüfen

den Reifen aufpumpen   der Ersatzreifen/Reservereifen

Übung 1   Answer the following questions.

1. Wieviel Benzin (Sprit) möchten Sie?
2. Super oder Normal?
3. Wollen Sie bleifrei?
4. Soll ich den Ölstand prüfen?
5. Soll ich den Reifendruck prüfen?
6. Haben Sie eine Reifenpanne?
7. Muß man den Reifen wechseln?
8. Ist der Druck im Ersatzreifen zu niedrig?
9. Muß man mehr Luft in die Reifen füllen?
10. Haben Sie zuviel Druck in den Reifen?

Gespräch

An der Tankstelle

SIE	Volltanken, bitte.
TANKWART	Super oder Normal?
SIE	Normal, bleifrei.
TANKWART	In Ordnung.
SIE	Können Sie bitte die *Heckscheibe* waschen?
TANKWART	Soll ich auch Öl und Wasser prüfen?
SIE	Ja, bitte.
TANKWART	Der Ölstand ist ein bißchen niedrig. Soll ich Öl nachfüllen?
SIE	Nein, danke. Nächste Woche lasse ich den Wagen schmieren und das Öl wechseln.
TANKWART	Wollen Sie jetzt einen Tag mit dem Mechaniker ausmachen? Er ist gerade in der Werkstatt.

rear window

Übung 2   Complete the statements based on the preceding conversation.

1. Sie brauchen Sprit. Sie wollen _____.
2. Der Tankwart fragt, ob Sie _____ oder _____ wollen.
3. Der Tankwart ist sehr hilfreich. Er wäscht die _____.
4. Er öffnet die Motorhaube und _____.
5. Der Fahrer will kein _____.
6. Nächste Woche will er _____.

AUS DEM ALLTAG

Beispiel 1

You are in a gas station in Austria.

1. Tell the attendant to fill your tank with unleaded premium gas.
2. Ask him to please check the oil and water.
3. Ask him if he would please check the air in the tires.
4. Ask him if he can change the oil and give you a grease job tomorrow.

Kapitel 8

Das Fahren

Wortschatz

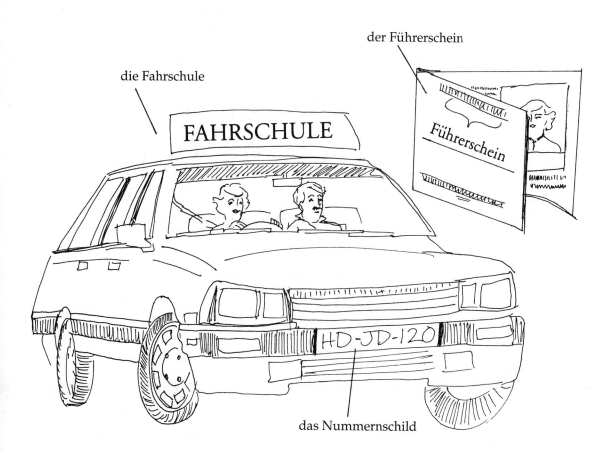

der Führerschein

die Fahrschule

FAHRSCHULE

Führerschein

HD-JD-120

das Nummernschild

die Ampel/Verkehrsampel (rot, gelb, grün)

die Straße auf dem Zebrastreifen überqueren

der Zebrastreife

die Straße

der Bürgersteig/Gehsteig

die Ecke

die Fußgänger

der Fußgängerüberweg

Übung 1   Answer the questions based on the illustration.

1. Ist das die Straße oder der Bürgersteig?
2. Sind diese Leute Fahrer oder Fußgänger?
3. Fahren Fußgänger in Autos oder laufen sie zu Fuß?
4. Ist das ein Führerschein oder ein Nummernschild?
5. Ist das ein Privatwagen oder ein Wagen von einer Fahrschule?
6. Fahren Fahrer oder laufen sie zu Fuß?

Übung 2   Complete the following statements.

1. Man muß stehen bleiben. Die Ampel ist _____.
2. Man darf vorsichtig fahren. Die Ampel ist _____.
3. Man darf fahren, ohne zu halten. Die Ampel ist _____.

Übung 3   Answer personally.

1. Haben Sie einen Führerschein?
2. Wie alt waren Sie, als Sie Ihren Führerschein gemacht haben?
3. Haben Sie einen Fahrkursus gemacht?
4. Haben Sie eine Fahrschule besucht?
5. Fahren Sie vorsichtig?
6. Kennen Sie den Unterschied zwischen gut fahren und schlecht fahren?
7. Gibt es Fußgängerüberwege in den Vereinigten Staaten?
8. Gehen Sie auf dem Zebrastreifen über die Straße?

Das Parken

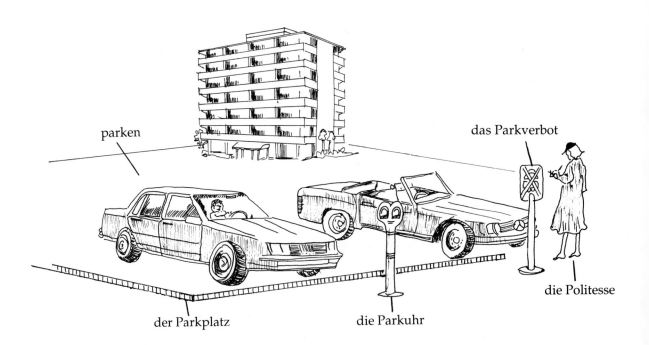

parken

das Parkverbot

der Parkplatz

die Parkuhr

die Politesse

Read the following:

Passen Sie mal auf! Sie stehen mitten im Parkverbot *(no-parking zone)*. Die Politesse wird Ihnen bestimmt einen Strafzettel geben und dann müssen Sie eine Geldstrafe bezahlen. Sie sollen lieber in einer blauen Zone parken, in der das Parken erlaubt ist. Um in der blauen Zone zu parken, muß man eine Parkscheibe haben, die man beim Verkehrsamt oder bei einer Tankstelle erstehen kann. Der Begin des Parkens wird auf der Parkscheibe eingestellt, so daß die Politesse die Parkdauer kontrollieren kann. Die Parkscheibe wird an der Windschutzscheibe angebracht.

NOTE A **Parkscheibe** is a disk with a clockface for setting the time at which a driver parked his or her vehicle in a short-term parking zone.

Übung 4   True or false?

1. Man kann immer im Parkverbot parken.
2. Die Politesse sorgt für die Einhaltung der Parkordnung.
3. Wenn Sie einen Strafzettel bekommen, müssen Sie eine Geldstrafe bezahlen.
4. Es gibt keine Parkplätze in Deutschland.

Gespräch

SIE	Entschuldigung. Darf man hier parken?
FUßGÄNGER	Natürlich. Hier ist eine blaue Zone.
SIE	Verzeihung. Ich bin hier fremd, und ich weiß nicht, was eine blaue Zone ist.
FUßGÄNGER	Ach so. Eine blaue Zone ist eine Kurzparkzone. Sie müssen eine Parkscheibe haben, die Sie an der Windschutzscheibe anbringen, so daß die Politesse sie sehen kann.
SIE	Die Politesse?
FUßGÄNGER	Ja. Die Politesse sorgt für die Einhaltung der Parkordnung. Wenn Sie hier ohne Parkscheibe parken, bekommen Sie bestimmt einen Strafzettel.
SIE	Können Sie mir sagen, wo ich eine Parkscheibe bekomme?
FUßGÄNGER	Dort drüben bei der Tankstelle.

Übung 5   Explain in your own words what each of the following is.

1. die blaue Zone
2. die Politesse
3. der Strafzettel

Wortschatz

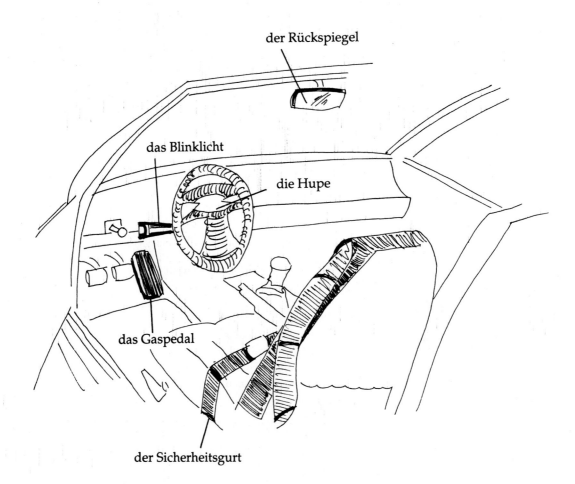

der Rückspiegel

das Blinklicht

die Hupe

das Gaspedal

der Sicherheitsgurt

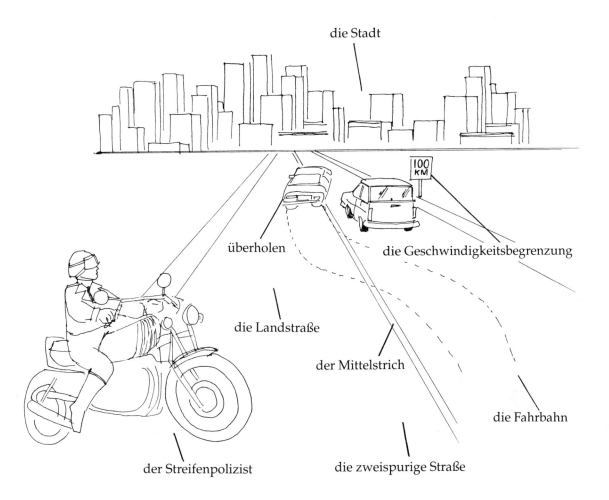

die Stadt

überholen

die Geschwindigkeitsbegrenzung

die Landstraße

der Mittelstrich

die Fahrbahn

der Streifenpolizist

die zweispurige Straße

Read the following:

> **die Autobahn** eine vier- oder mehrspurige Straße mit Mittelstreifen (median)
>   zwischen den Fahrbahnen
> **die Fahrbahn wechseln** von einer Fahrbahn auf eine andere fahren
> **flott fahren** schnell fahren
> **langsamer fahren** nicht so schnell fahren
> **das Fahrzeug** z.B. ein Auto, Autobus oder Lastwagen
> **die Lichthupe** Scheinwerfersignal beim Überholen eines anderen Fahrzeug

NOTE Regarding **Lichthupe:** Although drivers sometimes use this as a signal that they want to pass, it is not officially recommended. However, as a driver in Germany, you should be able to recognize this signal.

Übung 6   Answer the questions based on the illustration.

1. Ist das eine Dorfstraße *(village street)* oder eine Landstraße?
2. Ist das eine Autobahn mit vier Fahrbahnen?
3. Ist das eine Politesse oder ein Streifenpolizist?
4. Ist das der Mittelstrich oder der Mittelstreifen?
5. Ist der Mittelstrich eine gestrichelte oder durchgehende Linie?
6. Gibt es eine Geschwindigkeitsbegrenzung auf dieser Straße?
7. Ist das Auto beim Überholen oder beim Fahrbahnwechseln?
8. Fahren die Autos ins Dorf oder in die Großstadt?

Gut fahren und vorsichtig fahren

Man legt immer den Sicherheitsgurt an.
Man fährt nicht zu schnell.
Man achtet immer auf die Geschwindigkeitsbegrenzung.
Man fährt langsamer, wenn man in die Stadt kommt.
Wenn man überholen oder die Fahrbahn wechseln will,
 schaut man zuerst in den Rückspiegel.
 betätigt man das Blinklicht.
 fährt man sofort in die rechte Fahrbahn zurück.

Übung 7 Answer personally.

1. Haben Sie ein Auto?
2. Fahren Sie gern?
3. Kennen Sie den Unterschied zwischen gut fahren und schlecht fahren?
4. Mögen Sie schnell fahren?
5. Achten Sie immer auf die Geschwindigkeitsbegrenzung?
6. Gibt es Geschwindigkeitsbegrenzungen in dem Land, in dem Sie wohnen?
7. Was sind die Geschwindigkeitsbegrenzungen in Ihren Land?
8. Gibt es Streifenpolizisten auf den Landstraßen und Autobahnen in Ihrem Land?
9. Sorgt die Streifenpolizei für die Einhaltung der Verkehrsordnungen?
10. Wenn Sie zu schnell fahren, was gibt der Streifenpolizist Ihnen?
11. Wenn Sie in eine Stadt kommen, fahren Sie langsamer?
12. Bevor Sie überholen, betätigen Sie Ihr Blinklicht?
13. Schauen Sie immer in den Rückspiegel, wenn Sie die Fahrbahn wechseln?
14. Fahren Sie sofort in die rechte Fahrbahn zurück, nachdem Sie ein anderes Fahrzeug überholt haben?
15. Wenn Sie auf einer zweispurigen Straße fahren, überholen Sie wenn der Mittelstreifen durchgehend ist?

AUS DEM ALLTAG

Beispiel 1

You are driving through Lübeck and you want to stop for a while to photograph the Holsten Tor. You cannot find a parking place.
1. Stop someone and ask where you can park.
2. You arrive at the parking area and you note that there are no parking meters. Ask if you have to pay to park there.
3. The person tells you that you do have to pay. Ask where you pay.
4. The person explains that you have to put a ticket on the windshield. Ask where one gets (**bekommen**) a ticket.
5. The person directs you to the ticket machine. Thank her.

EINBLICK INS LEBEN

Beispiel 1

Look at the parking tag (ticket, stub, voucher) vending machine **(Parkscheinautomat)**
illustrated below.

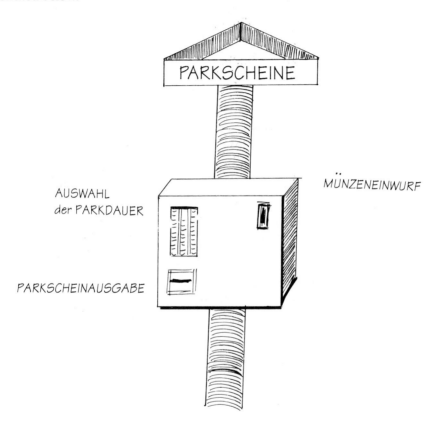

1. Where do you set the desired parking time?
2. Where do you put the money into the vending machine?
3. Where does the parking tag (ticket) come out?

Kapitel 9

Unterwegs mit dem Auto

Wortschatz

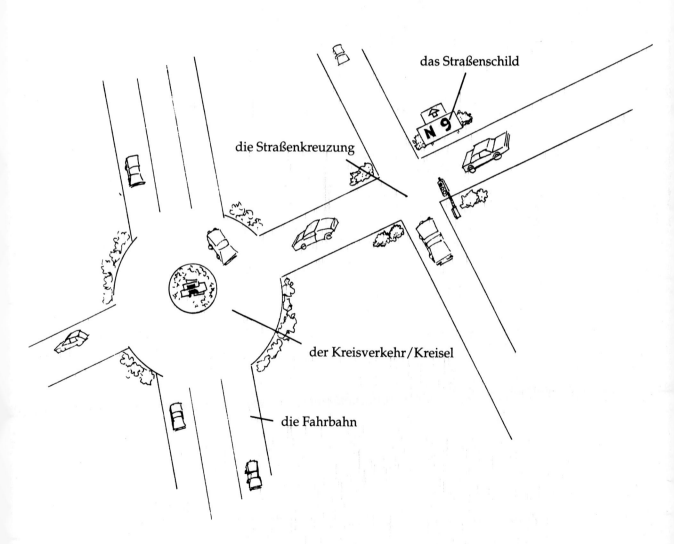

das Straßenschild

die Straßenkreuzung

der Kreisverkehr/Kreisel

die Fahrbahn

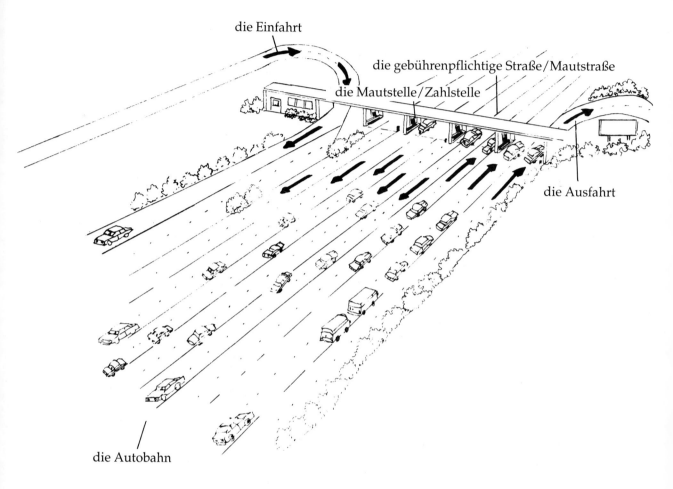

die Einfahrt

die gebührenpflichtige Straße/Mautstraße

die Mautstelle/Zahlstelle

die Ausfahrt

die Autobahn

Übung 1 Answer personally.

1. Wie ist die Nummer der Autobahn in der Nähe von Ihnen?
2. Wie viele Fahrbahnen hat sie?
3. Ist sie eine gebührenpflichtige Straße?
4. Wenn ja, wie hoch ist die Straßengebühr?
5. Muß man Kleingeld haben?
6. Gibt es eine Zahlstelle, wo man die Straßengebühr bezahlt?
7. Wie heißt die Stadt nördlich (östlich) von Ihrer Stadt?
8. Und wie heißt die Stadt südlich (westlich) von Ihrer Stadt?

Übung 2   Read the following passage and write down the salient points for the directions from Bixdorf to Hummelberg.

Von Bixdorf nach Hummelberg

Bixdorf ist sechzig Kilometer von Hummelberg. Verlassen Sie Bixdorf im Süden auf der Emil-Nolde-Straße. Am Stadtrand folgen Sie den Straßenschildern für Landstraße 12. Fahren Sie am Freilichtmuseum vorbei und biegen Sie rechts ab auf Landstraße 12. Folgen Sie dieser Landstraße ungefähr 20 Kilometer nach Lingen, wo Sie die Autobahn Richtung Süden nehmen. Nach der Ausfahrt Oldenstadt reihen Sie Sich rechts ein und nehmen die nächste Ausfahrt. Das ist die Ausfahrt Mittendorf. Hier biegen Sie links auf Landstraße 18a ab und dann folgen Sie dieser Straße bis Sie Mittendorf erreichen. Achten Sie besonders auf die Geschwindigkeitsbegrenzung auf dieser Strecke. In Mittendorf biegen Sie wieder links auf Landstraße 8 ab. Nach etwa 2 Kilometern erreichen Sie das Dorf Hummelberg. Wo die Landstraße die Hauptstraße des Dorfes kreuzt, steht eine Verkehrsampel.

AUS DEM ALLTAG

Beispiel 1

You are in Germany and you are driving a rental car. You want to go from Frankfurt to Konstanz. You need some directions.
1. You want to know the best way to get out of the city. Ask someone.
2. You want to know if there is an Autobahn to Konstanz. Ask someone.
3. You want to know if you have to pay a toll. Ask someone.
4. Ask if it is necessary to have the exact change or whether they will make change on the expressway.
5. You want to know how many kilometers it is from Frankfurt to Konstanz. Ask someone.

Kapitel 10

Zu Fuß unterwegs

Wortschatz

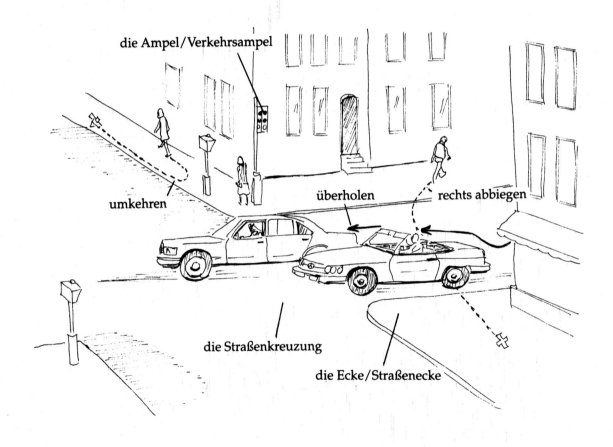

die Ampel/Verkehrsampel

umkehren

überholen

rechts abbiegen

die Straßenkreuzung

die Ecke/Straßenecke

Read the following:

Sie gehen in die falsche Richtung.
Sie müssen *umkehren*.   *turn around*

Übung 1 Complete the following statements.

1. Die Bank? Sie gehen in die falsche Richtung. Sie müssen _____.
2. Um den Straßenverkehr zu regeln, gibt es _____ an den Hauptstraßenkreuzungen der Stadt.
3. Wenn die _____ rot ist, muß man anhalten.
4. Die Bank ist an der _____ Feldstraße–Hamburger Chaussee.
5. Die Bank ist nicht weit von hier. Man braucht nicht den Bus zu nehmen. Man kann zu _____ gehen.
6. Um Niemanns Weg zu erreichen, muß man die Feldstraße geradeaus gehen und dann rechts _____.

Übung 2 Tell what is happening in each part of the picture.

1. Das eine Auto _____ das andere Auto.
2. Herr Vogt biegt _____ ab.
3. Frau Francke _____ um.

Gespräch

Wo ist... ?

SIE	Entschuldigung. Wo ist das Lufthansabüro?
FUßGÄNGER	Das Lufthansabüro ist am Dreiecksplatz. Kennen Sie den Dreiecksplatz?
SIE	Nein. Ich kenne die Stadt nicht. Ich bin hier fremd.
FUßGÄNGER	Es ist sehr einfach. Sie gehen die Feldstraße immer *geradeaus*. Drei Straßen weiter biegen Sie rechts ab. Oder ist es vier Straßen weiter? Aber es macht nichts, bei der ersten Ampel biegen Sie rechts in die Stockerstraße ab.
SIE	Bei der ersten Ampel?
FUßGÄNGER	Ja, da müssen Sie rechts abbiegen.
SIE	Bei der ersten Ampel rechts abbiegen?
FUßGÄNGER	Jawohl, in die Stockerstraße rechts abbiegen. Die Stockerstraße läuft direkt in den Dreiecksplatz. Das Lufthansabüro ist an der Ecke Stockerstraße-Dreiecksplatz.
SIE	Vielen Dank.
FUßGÄNGER	Nichts zu danken.

straight ahead

Übung 3 Answer the questions based on the preceding conversation.

1. Was suchen Sie?
2. Kennen Sie die Stadt?
3. Warum nicht?
4. Wissen Sie wo der Dreiecksplatz liegt?
5. Wie viele Straßen gehen Sie geradeaus?
6. Was ist da?
7. Biegen Sie bei der Stockerstraße rechts oder links ab?
8. Wohin läuft die Stockerstraße?
9. Wo ist das Lufthansabüro?

AUS DEM ALLTAG

Beispiel 1

You are traveling through Austria with a companion who does not speak German.
Whenever you have to get directions, your companion wants to know the directions also.
Translate the following directions for her.

1. Gehen Sie drei Straßen weiter und biegen Sie links ab.
2. Kehren Sie um und gehen Sie immer geradeaus bis zur dritten Verkehrsampel.
3. Bei der dritten Ampel biegen Sie rechts ab und gehen Sie bis zur vierten Straße.
4. Links ist die Polizeiwache und direkt gegenüber ist das Postamt.

Kapitel 11

Im Hotel

Wortschatz

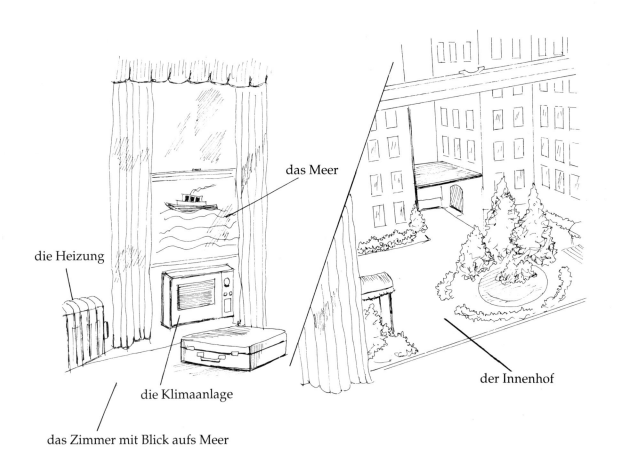

das Meer

die Heizung

die Klimaanlage

das Zimmer mit Blick aufs Meer

der Innenhof

Die Frau will ein Zimmer reservieren.
Sie ruft das Hotel an.
Die Telefonistin antwortet.

Read the following:

der Pauschalpreis   ein Preis für alles zusammen; z.B. ein Zimmerpreis, der Zimmer,
 Frühstück, Steuer und Bedienung einschließt
die Anzahlung   das Geld, das man dem Hotel schickt, um ein Zimmer zu reservieren
Vollpension   drei Mahlzeiten sind eingeschlossen
Halbpension   Frühstück und Abendessen sind eingeschlossen
Zimmernachweis   ein Touristenbüro am oder in der Nähe des Bahnhofs, wo man ein
 Zimmer reservieren kann

Übung 1   Answer the following questions.

1. Wenn man ein Hotel anruft, wer antwortet?
2. Wenn Sie eine Reise machen, rufen Sie das Hotel an, um ein Zimmer zu reservieren?
 Wenn nicht, macht Ihr Reisebüro die Reservierung für Sie?
3. Was machen Sie, wenn Sie ohne Zimmerreservierung in eine Stadt ankommen?
4. Wenn Sie eine Woche am Meer verbringen, wollen Sie lieber ein Zimmer mit Blick aufs
 Meer oder zur Straße?
5. Wenn Sie ein Zimmer reservieren, schicken Sie dem Hotel eine Anzahlung?

6. Wenn Sie Sommerurlaub machen, was interessiert Sie mehr? Klimaanlage oder Heizung?
7. Und wenn Sie Schiurlaub in den Alpen machen?
8. Wenn Sie Urlaub machen, wollen Sie lieber Vollpension oder Halbpension?
9. Essen Sie lieber im Hotel oder in einem Restaurant?
10. Wenn Sie Urlaub machen, reisen Sie lieber alleine oder mit Familie und Freunden?

Übung 2   Explain.

Erklären Sie was ein Pauschalpreis ist.

Gespräch

Eine Hotelzimmerreservierung

TELEFONIST	Hotel am Chiemsee. Guten Morgen.
KUNDE	Reservierungen, bitte.
TELEFONIST	Einen Moment, bitte. Bleiben Sie am Apparat.
ANGESTELLTER	Reservierungen.
KUNDE	Ich möchte ein Doppelzimmer für den 7. Juli reservieren, bitte.
ANGESTELLTER	Und wie lange wollen Sie bleiben?
KUNDE	Acht Tage. Bis zum 15. Haben Sie ein Zimmer mit Blick auf den *See*?
ANGESTELLTER	Nein, es tut mir sehr leid. Das Hotel ist während der Sommersaison fast ausgebucht. Aber wir haben ein sehr schönes Zimmer mit Blick auf den Garten und das Gebirge.
KUNDE	Sehr gut. Wieviel kostet das Zimmer?
ANGESTELLTER	Wollen Sie Vollpension oder Halbpension?
KUNDE	Halbpension.
ANGESTELLTER	Für zwei Personen ist es DM 380 pro Tag, einschließlich Bedienung und Steuer. Wir verlangen eine Anzahlung von 20%. Das macht DM 608 insgesamt.
KUNDE	In Ordnung. Ich schicke den Scheck sofort.
ANGESTELLTER	Ich schicke Ihnen Ihre Bestätigung.

(lake) — marginal gloss for *See*

Übung 3   Complete the following statements.

1. Der Kunde ruft das _____ an.
2. Er will eine _____ machen.
3. Er will ein _____.
4. Er kommt am _____ Juli.

5. Er reist am _____ Juli ab.
6. Er will ein Zimmer mit Blick _____.
7. Leider ist das Hotel fast _____.
8. Er kann ein Zimmer mit _____ haben.
9. Er will ein Zimmer mit _____.
10. Das Doppelzimmer mit Halbpension kostet _____.
11. Er muß eine _____ schicken.
12. Und der Angestellte wird ihm eine _____ schicken.

Wortschatz

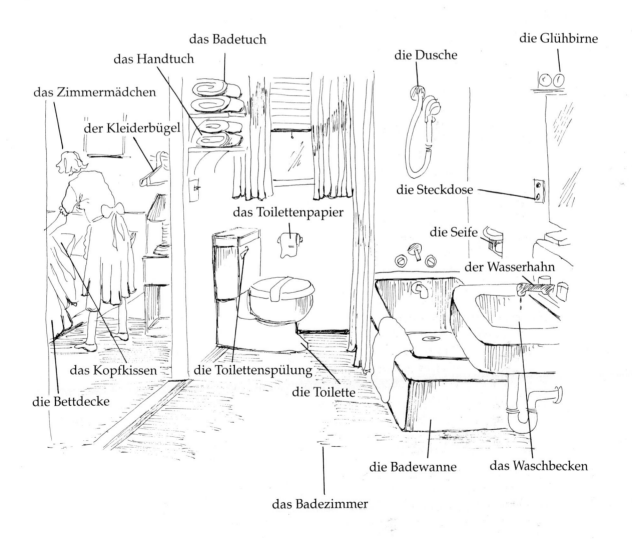

das Handtuch
das Badetuch
die Dusche
die Glühbirne
das Zimmermädchen
der Kleiderbügel
das Toilettenpapier
die Steckdose
die Seife
der Wasserhahn
das Kopfkissen
die Toilettenspülung
die Toilette
die Bettdecke
die Badewanne
das Waschbecken
das Badezimmer

Read the following:

> Wir brauchen mehr Kleiderbügel.
> Wir haben kein Toilettenpapier.
> Das Waschbecken ist *verstopft*.   *stopped up*
> *Die Toilettenspüling funktioniert nicht.*   *The toilet doesn't flush.*
> Die Glühbirne ist ausgebrannt.

> *Zimmerservice*   *room service*
> *Wäscheservice*   *laundry service*
> *Reinigungsservice*   *dry-cleaning service*

Übung 4   This hotel is in need of some repairs. Explain the following problems you are having.

1. The light bulb in the bathroom is burned out.
2. The sink is stopped up.
3. The toilet doesn't flush.
4. The electrical outlet doesn't work.

Übung 5   Tell the chambermaid you need the following.

1. a pillow
2. two towels
3. a bar of soap
4. more hangers
5. a blanket
6. toilet paper

Übung 6   Tell whom you have to call.

1. Sie sind in einem erstklassigen Hotel und wollen Frühstück in Ihrem Zimmer.
2. Es ist etwas kalt und Sie wollen noch eine Bettdecke, bevor Sie ins Bett gehen.
3. Sie wollen Ihren Anzug chemisch reinigen lassen.
4. Sie wollen ein Kleid und eine Hemdbluse waschen lassen.
5. Sie wollen um halb sieben geweckt werden.

die Kasse

die Kreditkarte

der Einzelbetrag

die Rechnung

der Kassierer

Read the following:

> Die **Ausstempelfrist** ist die Uhrzeit, zu der Hotelgäste ihre Zimmer räumen müssen. Wenn man länger bleibt, muß man für einen weiteren Tag bezahlen.

Übung 7 Complete the following statements.

1. Man bezahlt an der _____.
2. Der Hotelgast, der wegfährt, verlangt seine _____.
3. Es gibt viele _____ auf der Rechnung.
4. Der Hotelgast gibt dem _____ seine Kreditkarte.
5. Sie fragt dem Kassierer, um wieviel Uhr er das Zimmer _____ muß.

Gespräch

An der Kasse

HOTELGAST Ich möchte zahlen, bitte.

KASSIERER Sie haben Ihr Zimmer geräumt?

HOTELGAST Ja. Hier ist der Schlüssel.

KASSIERER Zimmer 425. Hier ist Ihre Rechnung. Wollen Sie
sie kontrollieren?

HOTELGAST Bitte sehr. Ich glaube diese Getränke sind nicht
meine.

KASSIERER Sie haben nichts von der Mini-bar genommen?

HOTELGAST Ach ja! Ein paar Fläschchen Mineralwasser.

KASSIERER Deswegen. Sie haben sechs Fläschen je eine
Mark fünfzig genommen.

HOTELGAST Verzeihen Sie.

KASSIERER Wollen Sie mit Kreditkarte bezahlen?

HOTELGAST Ja, bitte.

Übung 8 Answer the questions based on the preceding conversation.

1. Wo ist der Hotelgast?
2. Mit wem redet er?
3. Hat er sein Zimmer schon geräumt?
4. Was gibt er dem Kassierer?
5. Welche Zimmernummer hatte er?
6. Will der Hotelgast seine Rechnung kontrollieren?
7. Was versteht er nicht?
8. Was hat er von der Mini-bar genommen?
9. Wieviel kosteten die Getränke?
10. Wie bezahlt er die Rechnung?

AUS DEM ALLTAG

Beispiel 1

You call to reserve a hotel room in the swanky resort village of Gstaad in the Alps in
Switzerland.

1. Explain to the clerk that you want a double room with twin beds.
2. Ask if the room is air-conditioned.
3. Tell the reservation clerk that you would like a room with a view of the mountains.
4. The clerk wants to know your precise dates. Tell her.
5. She wants to know if you want full board or half-board. Explain to her that you only
   want breakfast.

6. The clerk explains that in season you must take either half- or full board. Tell her which one you prefer.
7. You want to know the rate. Ask her.
8 She gives you the rate and you want to know if the service and tax are included. Ask her.
9. Ask her if you must send a deposit and, if so, how much.
10. Ask the clerk if you will receive a confirmation of the reservation.

Beispiel 2

You are checking out of a hotel after spending several days on Sylt, an island in the North Sea.
1. Ask the cashier for your bill.
2. The cashier wants to know your room number. Tell him.
3. He wants to know if you want to go over your bill. Tell him.
4. You are looking at your bill and there are two charges that you do not understand. You do not think that they are yours. Explain this to the cashier.
5. He wants to know if you made a telephone call. Tell him.
6. He wants to know if you took anything from the mini-bar in the room. Tell him.
7. He wants to know if you had any laundry done. Tell him.

EINBLICK INS LEBEN

Beispiel 1

Read the following advertisement for a hotel at a seashore resort on the Baltic Sea. There are a great many abbreviations (**Abkürzungen**) used in this advertisement. (This is not an uncommon feature in German.) Match the abbreviations in the first column with the words in the second column.

Hotel Princess

Princess-Wochenende
am Ostseestrand von Timmendorf
in behaglicher Atmosphäre.
2 Übern. im DZ mit HP pro Pers.
ab DM **247,–**.
Gültig bis 28.6. + 11.9. – 25.10. 92

Alle Zimmer u. Suiten
mit Du/WC, Balk., Tel., TV.
Hotelhalle mit Atrium.
Schwimmbad, Sauna, Solarium.
Wir informieren Sie gern.
Strandallee 198 · 2408 Timmendorfer Strand
Telefon 0 45 03 - 6 00 10

1. ____ Übern.   a. Dusche
2. ____ DZ   b. und
3. ____ HP   c. Person
4. ____ Pers.   d. Balkon
5. ____ u.   e. Wasserklosett
6. ____ Du.   f. Telefon
7. ____ WC   g. Halbpension
8. ____ Balk.   h. Übernachtung
9. ____ Tel.   i. Doppelzimmer

Beispiel 2

Read the following advertisement for a resort in the Alps.

Answer the following questions based on the advertisement you just read.

1. Wo liegt dieses Hotel?
2. Sind Kinder in diesem Hotel wilkommen?
3. Erwarten Sie hohe oder günstige Preise in diesem Hotel?
4. Wieviel kostet Übernachtung mit Halbpension pro Tag?
5. Welche Sporte kann man hier betreiben *(pursue)?*

Kapitel 12

Einkaufen

Wortschatz

die Dose Thunfisch

die Tafel Schokolade

die Packung mit vier Beuteln Suppenpulver

das Glas Marmelade

die Flasche Spülmittel

die Tüte Kartoffelchips

der Teebeutel

die Scheibe Schinken

die Flasche Mineralwasser

das Stück Käse

die Stange Krautsellerie

das Paket Tiefkühlspinat

das Bund Karotten/Mohrrüben

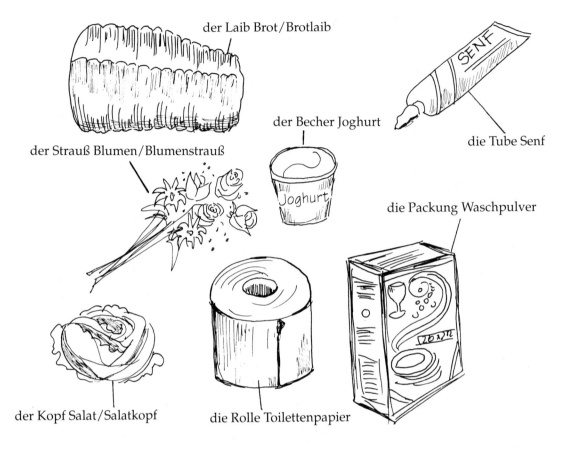

der Laib Brot/Brotlaib

die Tube Senf

der Becher Joghurt

der Strauß Blumen/Blumenstrauß

die Packung Waschpulver

der Kopf Salat/Salatkopf

die Rolle Toilettenpapier

NOTE   A complete list of food items appears on pages 90-94. This is a reference list; do not try to memorize it. This list also appears in the other books in this series.

Übung 1   How do the following items usually come packaged?

1. flüssiges Spülmittel
2. Waschpulver
3. Toilettenpapier
4. Sardinen
5. frische Karotten
6. tiefgefrorene Karotten
7. Marmelade
8. Mayonnaise
9. Wein
10. Papierservietten
11. Kartoffelchips
12. Thunfisch

Brot

In Deutschland gibt es eine große Vielfalt an Brotsorten. Es gibt Schwarzbrot, Graubrot, Weißbrot, Weizenbrot, Roggenbrot, Mischbrot (Roggen-Weizen-Brot), Pumpernickel und mehr. Man sagt, daß insgesamt mehr als 200 verschiedene Brotsorten und ungefähr 30 Arten von Brötchen in den deutschsprachigen Ländern erhältlich sind. Es gibt nicht nur runde und längliche Brotlaibe, sondern auch Kränze, Tiere und andere Formen. Es gibt sogar drei Brotmuseen in Deutschland; sie befinden sich in Ulm, Detmold und Mollenfelde.

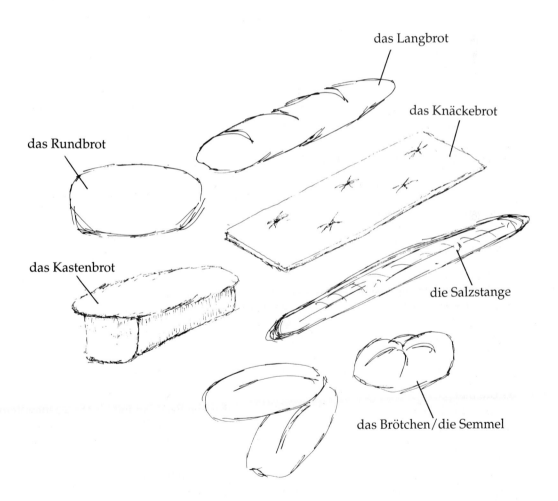

Read the following:

Die Koteletts *sehen* sehr gut *aus*.	*look*
Das Gemüse sieht sehr frisch aus.	
Das Fleisch ist *zäh*.	*tough*
Das Filet ist gar nicht *zart*.	*tender*
Die Pfirsiche sind *reif*.	*ripe*
Die Birnen sind hart.	
Aber die Pflaumen sind *weich*.	*soft, mushy*
Sie sind nicht frisch.	

Die Preise

Wieviel kostet der Reis?
Wieviel kostet das Paket?
Wieviel kostet ein Kilo Hackfleisch?
Wieviel kosten die Erdbeeren heute?
Wieviel kostet ein Dutzend Eier?

Drei Scheiben Schinken, hundert Gramm Aufschnitt und hunderfünfzig Gramm Hackfleisch kosten zusammen zwölf Mark.

Übung 2   Give the opposite of each of the following words.

1. zart
2. unreif
3. weich

Übung 3   Complete the following statements.

1. Die Birnen sind noch nicht reif. Sie sind noch zu _____.
2. Die Pfirsiche sind weich. Schade. Sie sind zu _____.
3. Das Beefsteak ist sehr _____. Es ist gar nicht zäh.
4. Essen Sie lieber _____ oder tiefgekühlte Erbsen?
5. Essen Sie lieber _____ oder eingemachtes *(canned)* Obst?

Übung 4   Ask how much the following items cost.

1. die Eier
2. die Kalbskoteletts
3. ein Kilo Speck
4. eine Dose Sardinen
5. eine Flasche Olivenöl
6. eine Packung mit vier Suppenbeuteln
7. der Lachsschinken
8. ein Bund Karotten

NOTE   The butcher is called a **Metzger, Schlachter,** or **Fleischer,** depending on what part of the German-speaking world you are in. Analogously, a butcher shop is called a **Metzgerei, Schlachterei,** or **Fleischerei.**

Gespräch

In der Schlachterei

SCHLACHTER	Guten Morgen. Was darf's sein?
KUNDE	Ich möchte zwei Kalbskoteletts.
SCHLACHTER	So dick?
KUNDE	Ja, gut.
SCHLACHTER	Das sind ungefähr 350 Gramm.
KUNDE	Das geht.
SCHLACHTER	Sonst noch etwas?
KUNDE	Ein Pfund Hackfleisch.
SCHLACHTER	Gerne. Haben Sie sonst noch einen Wunsch?
KUNDE	Danke. Das ist alles. Wieviel macht das zusammen?

Übung 5   Answer the questions based on the preceding conversation.

1. Ist der Kunde in einer Schlachterei oder in einer Bäckerei?
2. Mit wem redet er?
3. Will er Schweinekoteletts oder Kalbskoteletts?
4. Wieviel Gramm macht das ungefähr?
5. Will der Kunde sonst noch etwas?
6. Was will er?
7. Und wieviel will er davon?
8. Wieviel macht das zusammen?

Wortschatz

Read the following:

Heutzutage stellen die meisten Läden Ihren Kunden Tüten aus Papier oder Plastik zur Verfügung. Trotzdem bringen viele Leute ihre eigenen Einkaufstaschen oder Einkaufsnetze mit, wenn Sie Ihre Einkäufe machen. Diese alte Sitte ist wieder durch die Grüne-Ökobewegung Mode geworden.

Übung 6   Complete the following statements.

1. An der Kasse in Supermärkten und anderen Läden können Kunden _____ aus Papier oder _____ bekommen, wenn Sie wollen.
2. Aber viele Leute bringen lieber ihre eigenen _____ oder _____ mit.

AUS DEM ALLTAG

Beispiel 1

You are living for a while in a small town on the coast of the North Sea **(Nordseeküste).**
You are in the grocery store doing some shopping. The clerk is waiting on you. You need
the following items. Tell him.

1. a bottle of red wine
2. a bottle of noncarbonated mineral
   water **(ohne Kohlensäure)**
3. a roll of paper towels **(Papierhandtücher)**
4. two rolls of toilet paper
5. a can of tuna
6. a can of sardines in olive oil
7. a package of teabags
8. a bottle of liquid detergent
9. a bar of chocolate
10. a box of detergent
11. a jar of strawberry jam
12. a package of frozen spinach
13. a bunch of fresh carrots
14. a bunch of celery

Beispiel 2

After leaving the grocery store, you go to your favorite butcher shop. You want to buy the
following items. Tell the butcher. Refer to the list of food items below.

1. four lamb chops
2. two filets of beef
3. two chicken breasts

EINBLICK INS LEBEN

Beispiel 1

Look at the newspaper ad on page 89 for a chain of supermarkets in Berlin. Then consult a
newspaper to find out the exchange rate today for the DM. Compare the food prices in
Germany with those in the United States.

KOMM

ALLES UNTER EINEM DACH.

MAL

Argentinische Tafeläpfel
»Granny Smith«, Kl. I
1000 g

2.49

Staunen werden Sie. Obst und Gemüse, Fleisch und Wurst in üppiger Vielfalt und täglicher Frische im miniMAL – Berlins neuem tollen Lebensmittelmarkt. Angebote am laufenden Band. Dazu die verlockende Auswahl unter Tausenden von Markenartikeln. Plus Getränkemarkt, Back-Shop, Drogerie und, und, und. Alles zu unseren minimalen Preisen und in unserer maximalen Auswahl.

Schlüter Roggenmischbrot
1000 g-Laib

1.79

Zewa wisch + weg
Küchenrolle
4er Pack.

3.49

Hackfleisch
gemischt, vom Rind und Schwein
1000 g

5.99

Whiskas Katzennahrung
verschiedene Sorten
195 g-Dose

-.69

Golden Toast
verschiedene Sorten
500 g-Packung

1.79

Bad Harzburger
Juliushaller Mineralwasser
Kasten mit 12 x 0,7 Liter-Fl. (+ Pfand)

2.99

Sunil Vollwaschmittel
10 kg-Tragepackung

22.98

10, Dovestraße 1-5
10, Sömmeringstraße 24,
Ecke Quedlinburger Straße
13, Siemensdamm 43-44,
Kaufzentrum Siemensstadt
20, Gewerbehof 9-11, hinter IKEA
20, Goltzstraße 15-17,
Ecke Rauchstraße
27, Ernststraße 7,
Ecke Berliner Straße
42, Ullsteinstraße 135-141,
Ecke Mariendorfer Damm
47, Buckower Damm 122

47, Waßmannsdorfer Chaussee 28,
Ecke Eichenauer Weg
47, Wildhüterweg 42-46,
Ecke Eichenquast
48, Buckower Chaussee 100,
an der S-Bahn
49, Steinstraße 37-41,
Ecke Bahnhofstraße
51, Markstraße 17
61, Stresemannstraße 48-52,
Ecke Hedemannstraße
65, Utrechter Straße 17,
Ecke Turiner Straße

mini MAL

MACHT APPETIT AUFS EINKAUFEN

Foods (Lebensmittel)

Vegetables (Gemüse)

artichoke   die Artischocke
beans, green (string beans)   die Brechbohnen,
   Schnittbohnen, grüne Bohnen
beet   die rote Beete, rote Rübe
broccoli   der Brokkoli
brussel sprouts   der Rosenkohl
cabbage   der Kohl, das Kraut
   red cabbage   der Rotkohl, das Rotkraut
   savoy cabbage   der Wirsingkohl
carrot   die Karotte, die Möhre, die gelbe Rübe,
   die Mohrrübe
cauliflower   der Blumenkohl
celery   der Sellerie
chestnut   die Eßkastanie
chick peas   die Kichererbsen
chicory   die Zichorie
corn   der Mais
cucumber   die Gurke
eggplant   die Aubergine, die Eierfrucht
endive   die Endivien
garlic   der Knoblauch
horseradish   der Meerrettich, der Kren (Austrian)
leeks   der Lauch, der Porree
lentils   die Linsen
lettuce   der Salat, der Kopfsalat, der Blattsalat
lima beans   die dicken Bohnen, die weißen
   Bohnen
onion   die Zwiebel
palm hearts   die Palmenherzen
peas   die Erbsen
pepper   der Pfeffer
   green pepper   die (grüne, rote) Paprikaschote
potato   die Kartoffel
   die Bratkartoffel   fried potatoes
   der Kartoffelbrei   mashed potatoes
   der Kartoffelkloß   potato dumpling
   das Kartoffelmus   mashed potatoes
   der Kartoffelpuffer   potato pancake
   der Kartoffelsalat   potato salad
   die Salzkartoffel   boiled potatoes
   die Süßkartoffel   sweet potato
pumpkin   der Kürbis

radish   der Rettich, das Radieschen
rice   der Reis
sauerkraut   das Sauerkraut
shallot   die Schalotte
spinach   der Spinat
squash   der Kürbis
tomato   die Tomate
turnip   die Steckrübe, die Kohlrübe
watercress   die Kresse
zucchini   die Zucchini

Fruits (Obst)

almond   die Mandel
apple   der Apfel
apricot   die Aprikose, die Marille (Austrian)
avocado   die Avocado
banana   die Banane
blackberry   die Brombeere
blueberry   die Heidelbeere, die Blaubeere
cherry   die Kirsche
chestnut   die Kastanie
coconut   die Kokosnuß
currant   die Johannisbeere
date   die Dattel
elderberry   die Holunderbeere
fig   die Feige
filbert   die Haselnuß
gooseberry   die Stachelbeere
grape   die Traube, die Weintraube
grapefruit   die Pampelmuse, die Grapefruit
guava   die Guajava
hazelnut   die Haselnuß
lemon   die Zitrone
lime   die Limone
melon   die Melone
olive   die Olive
orange   die Orange, die Apfelsine
papaya   die Papaya
peach   der Pfirsich
pear   die Birne
pineapple   die Ananas
plum   die Pflaume, die Zwetschke (Austrian)
pomegranate   der Granatapfel

prune die Backpflaume
raisin die Rosine
raspberry die Himbeere
rhubarb der Rhabarber
strawberry die Erdbeere
    wild strawberry die Walderdbeere
walnut die Walnuß
watermelon die Wassermelone

Meat (Fleisch)

bacon der Speck
beef das Rindfleisch
brains das Hirn
chop das Kotelett
    das Lammkotelett *lamb chop*
    das Schweinekotelett *pork chop*
chopped meat das Hackfleisch
cold cuts der Aufschnitt
corned beef das Corned Beef, das gepökelte
    Rindfleisch
filet mignon das Filetsteak
goat das Ziegenfleisch
ham der Schinken
headcheese die Sülze
heart das Herz
kidneys die Nieren
lamb das Lammfleisch
    lamb chop das Lammkotelett
    lamb shoulder die Lammschulter
    leg of lamb die Lammkeule
    rack of lamb die Lammrippe
liver die Leber
liver dumpling der Leberknödel
meatballs die Buletten, die Fleischklößchen,
    die Frikadelle
meatloaf der Hackbraten
mutton das Hammelfleisch
oxtail der Ochsenschwanz
pickled pig's knuckle das Eisbein
pork das Schweinefleisch
    pork chop das Schweinekotelett
rib steak das Rippensteak
roast der Braten
    der Kalbsbraten *roast veal*

der Rinderbraten *beef roast*
der Schweinebraten *pork roast*
roulade die Roulade
salami die Salami
sauerbraten der Sauerbraten
sausage die Wurst
    die Bologneser Wurst *bologna sausage*
    die Bratwurst *a spiced sausage for frying*
    die Currywurst *a very spicy pork sausage*
    die Fleischwurst *a sausage of finely ground*
        meat for grilling or frying
    die Knackwurst *a sausage with a thin, firm*
        casing that pops when you bite into it
    die Leberwurst *liverwurst*
    die Mettwurst *a firm, spicy sausage for*
        slicing or spreading
    die Streichwurst *a soft, very finely ground*
        sausage for spreading on bread, etc.
    die Teewurst *a finely ground* Mettwurst *for*
        spreading
    die Weißwurst *a mild veal sausage*
    das Wiener Würstchen, das Frankfurter
        Würstchen *a lightly smoked sausage for*
        boiling
spareribs das Rippchen
steak tartare das Beefsteak tatar
suckling pig das Spannferkel
sweetbreads das Kalbsbries
tongue die Zunge
veal das Kalbsfleisch
    fillet of veal das Kalbsmedaillon
    veal cutlet das Kalbskotelett
    veal cutlet (unbreaded) das Naturschnitzel
    veal scallopini das Kalbsschnitzel
wienerschnitzel das Wienerschnitzel

Fowl and Game (Geflügel und Wild)

boar, wild das Wildschwein
capon der Kapaun
chicken das Huhn, das Hähnchen, das Hendl
    (Austrian)
duck die Ente
goose die Gans
hare dcr Hase

partridge   das Rebhuhn
pheasant   der Fasan
pigeon   die Taube
quail   die Wachtel
rabbit   das Kaninchen
turkey   der Truthahn
venison   das Wildbret

Fish and Shellfish   (Fish und Meeresfrüchte)

anchovy   die Sardelle
bass   der Barsch
   sea bass   der Seebarsch
carp   der Karpfen
clam   die Muschel
cod   der Kabeljau, der Dorsch
crab   der Krebs, der Taschenkrebs
crayfish   der Flußkrebs
eel   der Aal
flounder   die Flunder
frogs legs   die Froschbeine
haddock   der Schellfisch
halibut   der Heilbutt
herring   der Hering
lobster   der Hummer
mackerel   die Makrele
mullet   die Meeräsche
mussel   die Miesmuschel
octopus   die Tintenfisch
oyster   die Auster
pickerel   der (junge) Hecht
pike   der Hecht
plaice   der Scholle
pollack   der Seelachs
prawns   die Steingarnele
salmon   der Lachs
sardine   die Sardinen
scallops   die Kammuschel
shrimp   die Garnele, die Krabben
smelt   der Stint
smoked herring   der Bückling
snail   die Schnecke
sole   die Seezunge
squid   der Kalmar
swordfish   der Schwertfisch

tench   die Schleie
trout   die Forelle
tuna   der Thunfisch
turbot   der Steinbutt
whiting   der Merlan

Eggs   (Eierspeisen)

fried eggs   die Spiegeleier
hard-boiled eggs   die hartgekochten Eier
omelette   das Omelette
   cheese omelette   das Käseomelette
   mushroom omelette   das Pilzomelette,
      das Champignonomelette
poached eggs   pochierte Eier
scrambled eggs   das Rührei
   scrambled eggs with fried potatoes, onions, and
      pickle   Bauernfrühstück
soft-boiled eggs   die weichgekochten Eier

Sweets and Desserts   (Nachtische und Süssigkeiten)

apple turnover   die Apfeltasche
cake   der Kuchen
candy   die Süßigkeiten
caramel custard   der Karamelpudding
compote   das Kompott
cookie   der Keks, das Plätzchen
cream puff   der Windbeutel
custard   der Pudding
custard tart   die Puddingtorte
gelatin dessert   die Götterspeise
gingerbread   der Lebkuchen
honey   der Honig
ice cream   das Eis
   vanilla ice cream   das Vanilleeis
jam   die Marmelade
jelly   das Gelee
jelly doughnut   der Berliner
marzipan   das Marzipan
meringue   der spanische Wind, das Schaumgebäck
pancake   der Pfannkuchen
pie   die Obsttorte
rice pudding   der Milchreis, der Reispudding

sponge cake   der Biskuitkuchen
tart   die Törtchen
turnover   die Tasche
waffle   die Waffel

Beverages **(Getränke)**
aperitif   der Aperitif
beer   das Bier
    Altbier   *a bitter beer with a strong flavor of hops*
    Bockbier   *a heavy dark, rich beer traditionally sold during the spring*
    Export   *a light, not very bitter type of beer that was originally brewed for export*
    Kölsch   *a top-brewed wheat beer brewed in the Cologne area*
    Malzbier   *a dark, sweet beer with a very low alcohol content*
    Märzenbier   *a strong beer originally brewed in March*
    Pils, Pilsener   *a light Bohemian-style beer with a hops flavor*
    Weißbier, Weizenbier   *a top-brewed, highly carbonated beer brewed from wheat*
        Berliner Weiße mit Schuß   Weißbier *with a small amount of raspberry syrup*
    dark beer   das dunkle Bier, ein Dunkles
    draft beer   das Bier vom Zapfen, das Bier vom Faß
    light beer   das helle Bier, ein Helles
champagne   der Champagner, der Sekt
cider   der Apfelmost
cocoa   der Kakao
    hot chocolate   der heiße Kakao, die heiße Schokolade
coffee   der Kaffee
    black coffee   der schwarze Kaffee
    coffee with milk   der Kaffee mit Milch
    espresso   der Espresso
    iced coffee   der Eiskaffee
Coke   die Cola
cordial   der Likör
ice   das Eis
ice cubes   die Eiswürfel

juice   der Saft
    apple juice   der Apfelsaft
    fruit juice   der Fruchtsaft
    orange juice   der Orangensaft
liqueur   der Likör
milk   die Milch
milkshake   das Milchmischgetränk
mineral water   das Mineralwasser
    carbonated mineral water   Mineralwasser mit Kohlensäure
    noncarbonated mineral water   Mineralwasser ohne Kohlensäure
sherry   der Sherry
soda   das Sodawasser
soft drink   die Limonade, alkoholfreies Erfrischungsgetränk
tea   der Tee
    camomile tea   der Kamillentee
    iced tea   der Eistee
    peppermint tea   der Pfefferminztee
    rosehip tea   der Hagebuttentee
water   das Wasser
    iced water   das Eiswasser
wine   der Wein
    Moselle wine   der Moselwein
    red wine   der Rotwein
    Rhine wine   der Rheinwein
    white wine   der Weißwein
    NOTE The quality of German wines can be indicated by the time at which the grapes were harvested. Below are some terms indicating increasingly later harvest times (in ascending levels of ripeness and sweetness).
        Spätlese
        Auslese
        Beerenauslese
        Goldbeerenauslese
        Trockenbeerenauslese
        Eiswein

Condiments, Herbs, and Spices   **(die Würzen, Kräuter und Gewürze)**
anise   der Anis
basil   das Basilikum

bay leaf   das Lorbeerblatt
capers   die Kapern
caraway   der Kümmel
chervil   der Kerbel
chives   das Schnittlauch
cinnamon   der Zimt
coriander   der Koriander
dill   der Dill
fennel   der Fenchel
garlic   das Knoblauch
ginger   der Ingwer
ketchup   der Ketchup
marjoram   der Majoran
mayonnaise   die Mayonaise
mint   die Minze
mustard   der Senf
nutmeg   die Muskatnuß
oregano   der Oregano
paprika   der Paprika
parsley   die Petersilie
pepper   der Pfeffer
rosemary   der Rosmarin
saffron   der Safran
sage   der Salbei
salt   das Salz
sesame   der Sesam
sorrel   der Sauerampfer
syrup   der Sirup
tarragon   der Estragon
thyme   der Thymian
vanilla   die Vanille

Miscellaneous food items   (Sonstige Eßwaren)
baking powder   das Backpulver
bread   das Brot
    Graubrot, Mischbrot   *mixed wheat and rye
        bread*
    Roggenbrot   *rye bread*

Schwarzbrot   *black bread*
Vollkornbrot   *whole grain bread*
Weißbrot   *white bread*
butter   die Butter
cheese   der Käse
    melted cheese   der Schmelzkäse
cornflakes   die Cornflakes
cornstarch   die Speisestärke
cream   die Sahne
    whipped cream   die Schlagsahne
dumplings   der Knödel, der Kloß, die Spätzle
egg white   das Eiweiß
egg yolk   das Eigelb
flour   das Mehl
French fries   die Pomme frites
goulash   das Gulasch
gravy   die Bratensaft, die Soße, die Fleischsoße
lard   das Schmalz
macaroni   die Makkaroni
noodles   die Nudeln
nut   die Nuß
oatmeal   die Haferflocken
oil   das Öl
olive oil   das Olivenöl
pancake   der Pfannkuchen
peanut   die Erdnuß
    peanut butter   die Erdnußbutter
pickle   die saure Gurke
roll   das Brotchen, die Semmel
sandwich   das belegte Brot, das Sandwich
snack   der Imbiß
spaghetti   die Spaghetti
sugar   der Zuker
toast   das Toastbrot
vinegar   der Essig
yeast   die Hefe
yogurt   der Joghurt, das Joghurt

Kapitel 13

Im Restaurant

Wortschatz

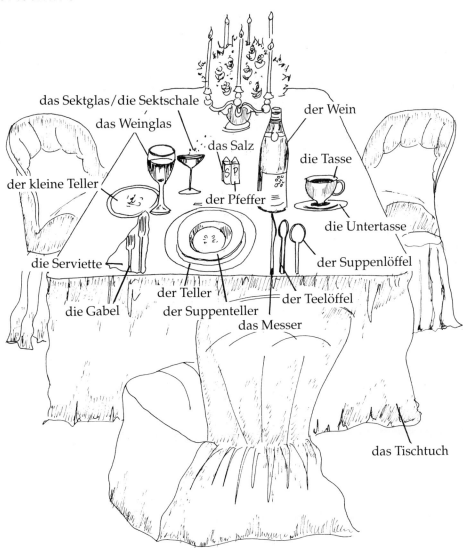

das Sektglas/die Sektschale

das Weinglas

der Wein

das Salz

die Tasse

der kleine Teller

der Pfeffer

die Untertasse

die Serviette

der Suppenlöffel

der Teller

der Teelöffel

die Gabel

der Suppenteller

das Messer

das Tischtuch

Zubereitungsweise

englisch
halb durch
(gut) durchgebraten

NOTE   A complete list of food items appears on pages 90-94. A list of ways in which foods are frequently prepared appears on page 103.

Übung 1   Tell what you would ask the waiter for if you found yourself in the following predicament.

1. Sie können Ihre Suppe nicht essen.
2. Sie können Ihr Fleisch nicht schneiden.
3. Sie können Ihren Wein nicht trinken.
4. Sie können Ihren Kaffee nicht trinken.
5. Sie können Ihren Mund nicht abwischen.
6. Sie wollen Ihre Kartoffeln salzen, aber Sie haben kein Salz.
7. Sie haben keinen Pfeffer.
8. Sie haben kein Besteck (*cutlery, silverware*).

Übung 2   You are going to order the following food items. Tell the waiter how you would like them cooked.

1. ein Filetsteak
2. ein Schweinekotelett
3. Kalbsbraten
4. ein Huhn
5. ein Rippensteak
6. ein Wienerschnitzel
7. Lammkeule
8. gebratenes Rinderfilet

Übung 3   Give the German word or expression that indicates each of the following cooking methods. Refer to the expressions on page 103 to do this exercise.

1. boiled in water
2. fried in oil
3. cooked on an open grill
4. baked or roasted in the oven
5. steamed
6. cooked lightly in butter in a frying pan
7. done in a roasting pan

8. mashed
9. stewed
10. vegetables boiled or cooked in their skin

Übung 4 Explain in German what a typical place setting in a nice restaurant consists of.

Gespräch

Im Restaurant

SIE	Ich weiß nicht, was ich bestellen soll.
FREUND	Ich auch nicht.
SIE	Vielleicht kann der Ober etwas *vorschlagen*. *recommend*
	(Der Ober kommt.)
KELLNER	Heute abend *empfehle* ich die Gänseleberpastete *recommend*
	als Vorspeise. Sie ist eine Spezialität des
	Hauses und schmeckt hervorragend.
SIE	Gut. Ich nehme sie.
KELLNER	Dann schlage ich das Filetsteak vor.
SIE	Sehr gut. Ich möchte mein Filet englisch haben,
	bitte.
KELLNER	Selbstverständlich. Und eine Flasche Wein dazu?
SIE	Einen französischen Rotwein, bitte. Und auch
	eine Flasche Mineralwasser.
KELLNER	Und als Nachspeise?
SIE	Ein Stück Obsttorte, bitte.
KELLNER	*(Er nimmt die Bestellung des Freundes auf.)* Und
	Sie?
FREUND	Das hört sich sehr gut an. Ich nehme das gleiche.
	Aber ich will das Schaumgebäck mit Erdbeeren
	zum Nachtisch.
	(Etwas später)
SIE	Die Rechnung, bitte.
KELLNER	Einen Moment, bitte.
	(Er kommt mit der Rechnung zurück.)
SIE	Ist die Bedienung inbegriffen?
KELLNER	Ja, sie ist inbegriffen. *(Er sieht Ihre Kreditkarte.)*
	Es tut mir sehr leid, aber wir nehmen keine
	Kreditkarten. Nur Bargeld und Reiseschecks.

Übung 5   Complete the statements based on the preceding conversation.

1. Als Vorspeise schlägt der Kellner die _____ vor.
2. Dann schlägt er das _____ vor.
3. Ich will mein Steak _____ haben.
4. Zu trinken habe ich eine Flasche _____ bestellt.
5. Ich habe auch eine Flasche _____ bestellt.
6. Mein Freund bestellt auch das _____.
7. Die Bedienung ist _____.
8. Der Kellner erklärt, daß das Restaurant keine _____ nimmt.

Wortschatz

Read the following:

Natürlich gibt es viele feine Restaurants in Deutschland, in denen man
erstklassiges Essen in schöner Umgebung zu teuren Preisen genießen
kann. Aber es gibt auch zahlreiche Gaststätten and Gasthöfe, wo man
gut und günstig essen kann. Besonders preiswert ist oft das Tagesmenü,
auch Tagesgedeck genannt. Das Menü oder Gedeck besteht aus einer
Vorspeise, einem warmen Hauptgericht und einer Nachspeise.
Gutes deutsches Bier vom Faß läßt das Essen besonders gut schmecken.
   In Kneipen kann man oft leichte und recht schmackhafte Imbisse—aber
keine vollen Mahlzeiten—bei einem Glas Bier oder einem Gläschen Wein
bestellen.
   Spätabends auf dem Heimweg bieten kleine Wurstbuden die letzte
Möglichkeit verschiedene Wurstsorten—zum Beispiel, Bratwurst,
Bockwurst, Weißwurst, Wienerwurst u.s.w.—zu probieren, bevor man
ins Bett geht.

Übung 6   What would you order if you went to one of the following types of restaurants?

1. eine Wurstbude
2. ein feines Restaurant
3. eine Gaststätte

Übung 7   How would you say the following in German?

1. French fries
2. to order (in a restaurant)
3. a draft beer
4. a glass of wine
5. veal sausage
6. tasty food
7. in pubs
8. a glass of beer

AUS DEM ALLTAG

Beispiel 1

You are having dinner at a seafood restaurant in the coastal town of Büsum.
1. Call the waiter over and ask him if there is a house specialty.
2. You want to know what he suggests. Ask him.
3. You decide you do want the house specialty. Tell him.
4. The waiter asks you if you want wine. Tell him.
5. Ask the waiter if he can recommend a good white wine, since you are having seafood.
6. The waiter explains that many people order a nice Moselle with their seafood. Ask him for either a bottle or a half-bottle.

Beispiel 2

You are in a small restaurant in the Schwarzwald.
1. The waiter explains that the **Kalbsmedaillons** *(medaillions of veal)* are excellent this evening. You decide you want them. Tell the waiter.
2. He wants to know how you would like the **Kalbsmedaillons** to be prepared. Tell him.
3. Tell him you would also like the **Kräuterkartoffeln** *(herbed potatoes)*.
4. You notice that you do not have a knife. Ask the waiter for one.
5. The waiter wants to know if you want wine. Since you are alone, explain to him that you only want **ein Viertel Liter Rotwein** *(a quarter liter of red wine)*.
6. The waiter returns to your table. Tell him what you want for dessert.
7. Ask the waiter for the check.
8. You are not sure if the service is included. Ask him.
9. You want to know if you can pay with a credit card. Find out.

EINBLICK INS LEBEN

Beispiel 1

Read the following advertisement for a restaurant in Berlin.

The following words or expressions are taken from the advertisement that you just read. Match the words in the first column with their English equivalents in the second column.

1. ____ Frühstück
2. ____ Mittagstisch
3. ____ täglich wechselnd
4. ____ aus eigener Konditorei
5. ____ Chefkoch

a. head chef
b. changing daily
c. breakfast
d. midday meal
e. from our own bakery

Beispiel 2

Read the following advertisement for a restaurant in Augsburg.

WELSER HOF *Restaurant Cafe Dachterrasse*

in der Fußgängerzone · Philippine-Welser-Straße 26

Neueröffnung
Samstag, 8. August

Zu unserer Eröffnungsfeier

mit kostenlosem Büfett und Begrüßungstrunk

laden wir Sie herzlichst ein.

Öffnungszeiten: 10.00 bis 24.00 Uhr

Durchgehend warme Küche   *Ihr Welser-Hof-Team*

Reservierungen erbitten wir unter Tel. 08 21 / 15 51 02

Match the words in the first column with their English equivalents in the second column.

1. ____ Fußgängerzone	a. welcome drink
2. ____ Neueröffnung	b. free buffet
3. ____ Eröffnungsfeier	c. reservations
4. ____ mit kostenlosem Büfett	d. request
5. ____ Begrüßungstrunk	e. cordially
6. ____ herzlichst	f. reopening
7. ____ Öffnungszeiten	g. opening celebration
8. ____ durchgehend	h. pedestrian zone
9. ____ Reservierungen	i. continuous, nonstop
10. ____ erbitten	j. business hours

Beispiel 3

Read the following advertisement
for a steak restaurant in Friedberg.
Then answer the questions based
on this advertisement.

1. How long are the prices in the
   ad in effect?
2. How much does an Argentine
   filet steak cost?
3. How much does each serving
   of the Argentine filet steak weigh?
4. What kind of cattle does the beef
   served at this restaurant come from?
5. Where can you eat your meal at
   this restaurant?
6. Are reservations encouraged?
7. What day of the week is this
   restaurant closed?
8. What is the street address of
   this restaurant?

Methods of cooking **(Zubereitungsweisen)**

in aspic   In Aspik
baked   gebacken
barbecued   gegrillt
boiled   gekocht
braised   gedünstet
broiled   geröstet
in butter   in Butter, in Buttersoße
in a casserole   im Topf
in cheese   mit Käse überbacken
finely chopped   fein gehackt
fried   gebraten, frittiert
garnished   garniert
grated   gerieben
grilled   gegrillt
house style   nach Art des Hauses
in juices   im eigenen Saft
marinated   mariniert
mashed   püriert
in oil   in Öl
with parsley   mit Petersilie
in a pastry   im Teig
poached   pochiert

puréed   püriert
raw   roh
roasted   gebraten
sautéed   sautiert
on a skewer   am Spieß
smoked   geräuchert
steamed   gedämpft
stewed   geschmort
stewed in cream sauce   in Sahnesoße
stuffed   gefüllt
in thin strips   fein geschnitten

rare   englisch
medium   halb durch
well-done   (gut) durchgebraten

Eggs **(Eier)**
fried   Spiegeleier
hard-boiled   hartgekocht
poached   pochiert
scrambled   Rührei
soft-boiled   weichgekocht

Kapitel 14

Die Küche

Wortschatz

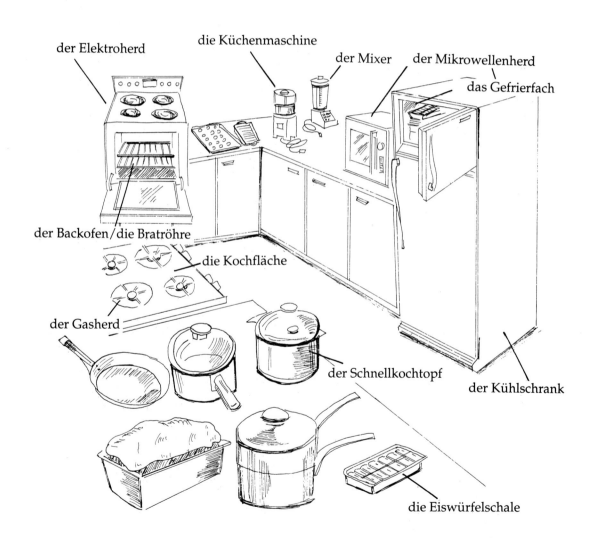

der Elektroherd

die Küchenmaschine

der Mixer

der Mikrowellenherd

das Gefrierfach

der Backofen / die Bratröhre

die Kochfläche

der Gasherd

der Schnellkochtopf

der Kühlschrank

die Eiswürfelschale

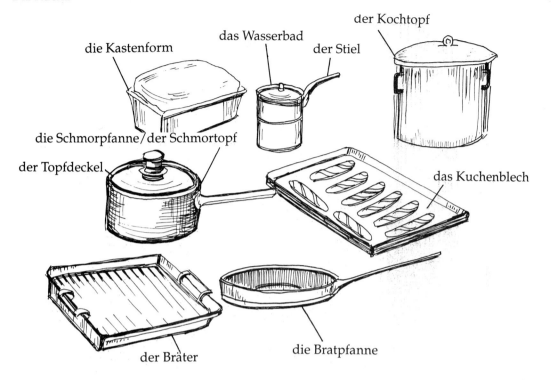

die Kastenform

das Wasserbad

der Stiel

der Kochtopf

die Schmorpfanne / der Schmortopf

der Topfdeckel

das Kuchenblech

der Bräter

die Bratpfanne

den Herd oder den Backofen einschalten

den Herd oder den Backofen ausschalten

(1)

(2)

(3)

(4)

(5, 6)

(7)

(8)

(9)

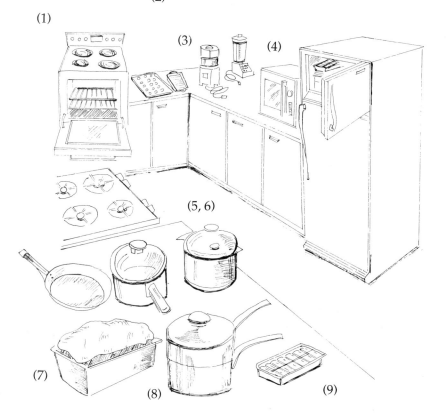

(10)

(11)

(12)

(13)

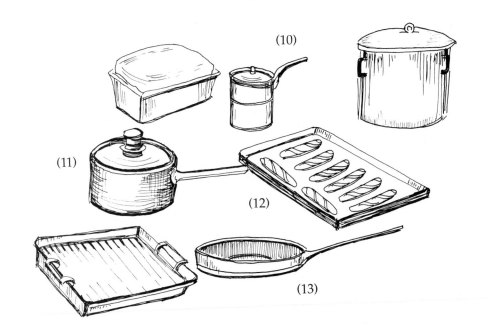

Übung 1   Answer the questions based on the illustrations on page 106.

1. Ist das ein Elektroherd oder ein Gasherd?
2. Ist das die Küche oder das Eßzimmer?
3. Ist das ein Mixer oder eine Küchenmaschine?
4. Ist das die Backröhre oder der Mikrowellenherd?
5. Steht der Schnellkochtopf auf der Kochfläche?
6. Ist das eine Küchenmaschine oder ein Schnellkochtopf?
7. Ist das eine Kastenform oder ein Kuchenblech?
8. Ist das eine Bratpfanne oder ein Wasserbad?
9. Ist das ein Schmortopf oder eine Eiswürfelschale?
10. Ist das ein Deckel oder ein Stiel?
11. Ist das ein Wasserbad oder ein Schmortopf?
12. Ist das eine Bratpfanne oder ein Kuchenblech?
13. Ist das eine Bratpfanne oder ein Bräter?

Übung 2   Answer the following questions personally.

1. Haben Sie einen Gasherd oder einen Elektroherd?
2. Hat Ihr Kühlschrank ein Gefrierfach?
3. Wieviele Eiswürfelschalen haben Sie?
4. Haben Sie einen Mixer oder ein Küchenmaschine?
5. Kochen Sie gern?
6. Oder haben Sie es lieber, wenn jemand anders das Essen macht?
7. Benutzen Sie oft Ihre Küchenmaschine?
8. Haben Sie einen Mikrowellenherd oder einen Schnellkochtopf?
9. Benutzen Sie oft Ihren Mikrowellenherd?
10. Wenn Sie eine Mahlzeit sehr schnell machen müssen, was kochen Sie/was bereiten Sie vor?

Das Kochen

kochen   mit siedendem Wasser zubereiten
rösten   auf dem Rost braten
grillen   am Spieß über offenem Feuer braten
braten   in Fett ohne Wasser in einer Pfanne zubereiten
sautieren   in Fett schwenken

verkochen   zu lange kochen
nicht gar kochen   nicht lange genug kochen

NOTE   A complete list of food items appears on pages 90-94. A list of ways in which foods are frequently prepared appears on page 103.

Übung 3   Form sentences according to the models.

MUSTER   die Wurst / grillen
         Man grillt die Wurst.

         der Fisch / braten
         Man brät den Fisch.

         das Wasser / kochen
         Man kocht das Wasser.

1. das Würstchen / braten
2. der Hummer / kochen
3. das Kalbskotelett / braten
4. die Zwiebeln / sautieren
5. der Fisch / pochieren
6. der Kaffee / kochen

Übung 4   Answer the following questions.

1. Wie bereitet man eine Forelle zu?
2. Wie bereitet man Bohnen zu?
3. Wie bereitet man Speck zu?
4. Wie bereitet man ein Rumpsteak zu?
5. Wie bereitet man Krebse zu?

Gespräch

In der Küche

ALMUTH   Bernd, kochst du heute abend?
BERND   Klar. Ich mache eine ganz amerikanische Mahlzeit.
ALMUTH   Ja? Was machst du denn?
BERND   Wir fangen mit einem Krabbencocktail an.
ALMUTH   Super! Hast Du sie schon gekocht?
BERND   Hab' ich schon. Ich lass' sie jetzt im Kühlschrank
         abkühlen.
ALMUTH   Und was essen wir nachher?
BERND   Brathühnchen nach amerikanischer Art. Ich brate
         sie zuletzt, so daß die *Haut* schön *knusprig* ist.   *skin/crisp*
ALMUTH   Und was gibt es als Beilage?

BERND	Kartoffeln in der Schale geröstet—mit saurer Sahne und *Schnittlauch*. Ich muß sie sofort in den Backofen stellen. Es dauert ungefähr eine Stunde bis sie gar sind. Und als Gemüse habe ich Maiskolben. Ich werde sie kurz kochen und mit *geschmolzener* Butter servieren.

chives

melted

Übung 5 In your own words, give Bernd's menu for the evening.

Übung 6 Correct each of the false statements based on the preceding conversation.

1. Almuth kocht heute abend.
2. Bernd macht eine ganz deutsche Mahlzeit.
3. Als Vorspeise macht er einen Hummercocktail.
4. Er sautiert die Krabben.
5. Die Krabben werden im Backofen erhitzt.
6. Bernd serviert gegrilltes Huhn.
7. Er muß das Huhn noch rösten.
8. Er brät die Kartoffeln in der Pfanne.
9. Er bäckt die Maiskolben im Backofen.

AUS DEM ALLTAG

Beispiel 1

You are visiting the Hövemann family in Heidelberg. Tonight you are going to prepare dinner for them.

1. The Hövemanns want to know whether you are going to make them Cincinnati chili. Tell them no.
2. They ask you what you plan to make. You think you will make chicken. Tell them.
3. They want to know how you will prepare the chicken. You do not know whether you will fry it or grill it. Tell them.
4. Ask them how they prefer the chicken.
5. Frau Hövemann wants to know how you prepare your fried chicken. Tell her you really sauté it rather than fry it. Explain to her that you sauté it in a little oil and garlic.
6. The Hövemanns say that they like chicken prepared that way. Ask Mrs. Hövemann if she has a large skillet.
7. Tell them that you are also going to prepare potatoes. Since you are going to fry the chicken or sauté it, you do not think that you will fry the potatoes. You will probably bake them in the oven. Explain this to the Hövemanns.
8. You also have some vegetables. Ask Frau Hövemann if she has a pot you can cook the vegetables in.
9. She wants to know if you want a lid. Tell her.

Kapitel 15

Beim Herrenfriseur

Wortschatz

oben

der Scheitel

die Seite

hinten

der Schnurrbart

der Nacken

der Bart

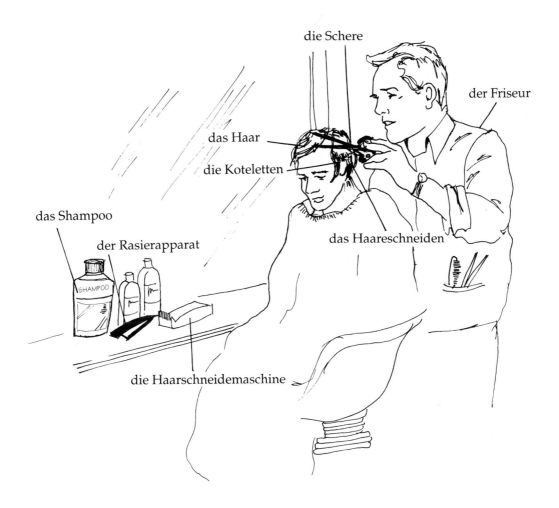

die Schere

der Friseur

das Haar

die Koteletten

das Shampoo

der Rasierapparat

das Haareschneiden

die Haarschneidemaschine

NOTE The word **Friseur,** which is borrowed from the French, is sometimes Germanized to **Frisör.**

Read the following:

Der Friseur schneidet ihm die Haare.
Er *stutzt ihm die Koteletten.*   *trims his sideburns*
Der Kunde will die Haare ein bißchen kürzer oben
    (an den Seiten, im Nacken, hinten).

nachschneiden   ein bißchen schneiden, nochmals schneiden

Übung 1   Answer the questions based on the illustration.

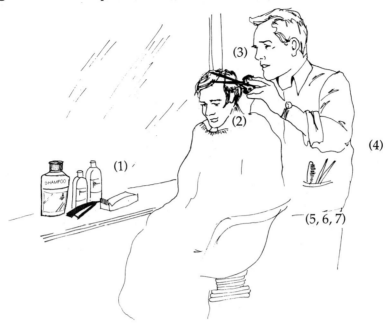

1. Ist das eine Schere oder eine Haarschneidemaschine?
2. Sind die Koteletten oder Kopfhaare?
3. Will der Kunde sich die Haare schneiden oder waschen lassen?
4. Ist das der Friseur oder der Kunde?
5. Schneidet der Friseur dem Kunden seine Haare oder stutzt er ihm seinen Schnurrbart?
6. Schneidet der Friseur ihm die Haare mit der Schere oder mit der Haarschneidemaschine?
7. Bekommt der Kunde einen Haarschnitt mit dem Messer oder mit der Schere?

Übung 2   Choose the correct completion based on the illustration.

1. Der Herr hat _____ Haare.
   a. lange   b. kurze
2. Sein Scheitel ist auf der _____ Seite.
   a. linken   b. rechten
3. Der Herr hat _____ Koteletten.
   a. lange   b. kurze
4. Der Herr hat einen _____.
   a. Vollbart   b. Schnurrbart

Gespräch

Beim Friseur

KUNDE	Ich will meine Haare schneiden lassen.
FRISEUR	Bitte sehr. Wollen Sie die Haare sehr kurz?
KUNDE	Ziemlich kurz aber nicht sehr kurz. Besonders an den Seiten.
FRISEUR	In Ordnung. Wollen Sie sich die Haare auch waschen lassen?
KUNDE	Ja, bitte.
	(Später)
FRISEUR	Gefällt Ihnen das?
KUNDE	Ein bißchen kürzer oben und an den Seiten.
FRISEUR	Und wollen Sie den Scheitel links oder rechts?
KUNDE	Ich trage ihn immer links.

Übung 3   Answer the questions based on the preceding conversation.

1. Wo ist der Kunde?
2. Will er seine Haare sehr kurz schneiden lassen?
3. Will er sich seine Haare auch waschen lassen?
4. Wie will er seine Haare oben und an den Seiten?
5. Auf welcher Seite trägt er den Scheitel?

AUS DEM ALLTAG

Beispiel 1

You are spending your vacation in Aachen and your hair is getting too long. You decide to go to the barber shop.
1. Tell the barber you want a haircut.
2. He asks you how you want your hair. Tell him.
3. He wants to know if you want a part and, if so, where. Tell him.
4. Tell the barber you also want a shampoo.
5. Explain to him that you do not want him to use the clippers. You do not want your hair too short on the neck.

Kapitel 16

Beim Damenfriseur

Wortschatz

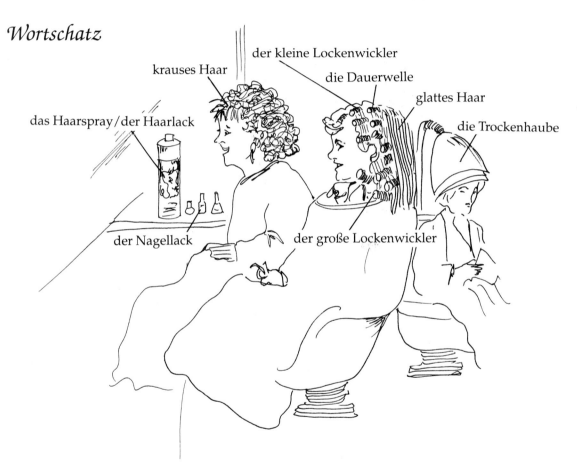

das Haarspray / der Haarlack

krauses Haar

der kleine Lockenwickler

die Dauerwelle

glattes Haar

die Trockenhaube

der Nagellack

der große Lockenwickler

Read the following:

Das Mädchen kämmt sich die Haare.
Sie bürstet sich die Haare.

Ich möchte mein Haar *gelegt* haben.   set
Die Friseuse legt mir die Haare.
Der Friseur machte der Kundin eine *Dauerwelle*.   perm
Wieviel kostet es die Haare zu *färben*?   dye, color

Übung 1 Answer the questions, using the illustration as a guide.

1. Schneidet die Friseuse der Kundin die Haare oder macht sie ihr eine Dauerwelle?
2. Legt sie ihr Wellen mit großen Lockenwicklern oder mit kleinen Lockenwicklern?
3. Schneidet die Friseuse ihr die Haare mit der Schere oder mit dem Fön?
4. Benutzt man Nagellack auf den Fingernägeln oder auf den Haaren?
5. Sprüht man die Haare oder die Füßnägel mit Haarlack?

Übung 2 Guess the meaning of the following by matching the words in the first column with their English equivalents in the second column.

1. ____ auskämmen	a.	hair coloring
2. ____ die Maniküre	b.	hair dryer
3. ____ die Dauerwelle	c.	cream rinse
4. ____ der Fön	d.	comb out
5. ____ die Haarfarbe	e.	manicure
6. ____ die Creme-Spülung	f.	permanent

Gespräch

Beim Friseur

KUNDIN   Ich möchte eine Dauerwelle.
FRISEUR   Wollen Sie auch einen Haarschnitt? Ihre Haare
          sind ziemlich lang.
KUNDIN   Nein, danke. Die Länge gefällt mir wie sie ist.
          Ich mag kurze Haare nicht so gern.
FRISEUR   Gut. Wollen Sie lieber kleine Lockenwickler
          oder große Lockenwickler?
KUNDIN   Die kleinen unten und die großen oben, bitte.

Übung 3   Answer the questions based on the preceding conversation.

1. Was will die Kundin?
2. Was schlägt der Friseur vor?
3. Was entscheidet die Kundin?
4. Welche Lockenwickler will sie?

AUS DEM ALLTAG

Beispiel 1

You are in a beauty salon in Stuttgart.
1. Tell the stylist you want your hair set.
2. He wants to know if you want a shampoo. Tell him.
3. He wants to know if you want a cut. Tell him.
4. You would like to know how much a hair coloring costs. Ask him.
5. Tell him you want a manicure.
6. Tell the manicurist you do not want polish on your nails.
7. The stylist wants to know if you want hairspray. Tell him.

Kapitel 17

Kleidung

Wortschatz

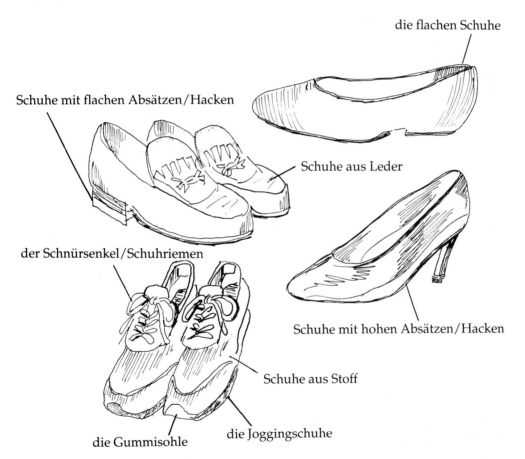

die flachen Schuhe

Schuhe mit flachen Absätzen/Hacken

Schuhe aus Leder

der Schnürsenkel/Schuhriemen

Schuhe mit hohen Absätzen/Hacken

Schuhe aus Stoff

die Gummisohle

die Joggingschuhe

Read the following:

Diese Schuhe *passen* mir nicht.	*fit*
Sie *tun* mir *weh*.	*hurt*
Sie sind nicht *breit* genug.	*wide*
Sie sind zu *eng*.	*tight, narrow*

Übung 1   Answer the questions based on the illustration.

1. Sind diese Schuhe aus Stoff oder aus Leder?
2. Sind Schuhe aus Stoff sportlich oder elegant?
3. Haben diese Schuhe Gummisohlen oder Ledersohlen?
4. Mögen Sie lieber Gummisohlen oder Ledersohlen?
5. Tragen Sie lieber hohe oder flache Absätze?
6. Haben diese Schuhe Schnürsenkel oder nicht?
7. Mögen Sie lieber Schuhe mit Schnürsenkeln oder Schuhe ohne Schnürsenkel?
8. Gefallen Ihnen diese Schuhe?
9. Die Schuhe die Sie im Augenblick tragen,— passen sie gut oder sind sie zu eng?
10. Welche Schuhgröße tragen Sie?

Wie beschreibt man das?

Read the following:

die *Bundfaltenhose*	*pleated pants*
der *Faltenrock*	*pleated skirt*
die *gestreifte* Bluse	*striped*
die *bedruckte* Bluse	*printed*
das *karierte* Hemd	*checked*
der *gefütterte* Sakko	*lined*
die *bestickte* Jacke	*embroidered*
die Jacke mit *Fransen*	*fringe*

Und welche Farbe mögen Sie?

die hellblaue Bluse
die dunkelblaue Bluse
die himmelblaue Bluse

Other popular colors for clothing are:

cremefarbig	rosa	hellbraun
kaffeebraun	weinrot	olivgrün
beige	sandfarbig	taubengrau
braun	khaki	rostrot

zu weit

zu eng

kurz

lang

groß

klein

Wichtige Details bei der Kleidung

der Kragen

der Knopf

der Ärmel

die Schulterklappe/das Schulterstück

die Manschette

die Taille

der Hosenschlitz

der Reißverschluß

die Tasche

das Futter

der Aufschlag/Revers

der Aufschlag

NOTE   A complete list of articles of clothing and fabrics appears on pages 128-129.

Übung 2   Answer the questions based on the illustrations.

1. Ist das eine gestreifte oder eine karierte Bluse?
2. Ist das ein kariertes oder ein gestreiftes Hemd aus Baumwolle?
3. Ist das ein Hemd mit langen oder kurzen Ärmeln?
4. Hat der Blouson einen Reißverschluß oder Knöpfe?
5. Ist das ein Pullover mit rundem oder mit V-Ausschnitt?
6. Hat dieses Hemd Manschetten?
7. Ist diese Jacke zu klein oder zu groß für die Frau?
8. Sind die Ärmel zu kurz oder zu lang für den Mann?

Übung 3   Answer the questions based on the illustration.

1. Hat diese Hose einen Reißverschluß oder nicht?
2. Hat diese Hose einen Hosenschlitz?
3. Hat der Hosenschlitz Knöpfe oder einen
   Reißverschluß?
4. Hat die Hose Taschen?
5. Trägt man diese Hose mit oder ohne Gürtel?

Übung 4   Indicate your favorite color and style (if possible) for each of the following items of clothing.

für Männer	**für Frauen**
1. die Hose	1. der Rock
2. der Sakko	2. die Bluse
3. das Hemd	3. das Kostüm
4. der Anzug	4. der Schal
5. der Blouson	5. der Blouson
6. der Mantel	6. der Mantel
7. der Regenmantel	7. der Regenmantel

Read the following:

> Dieser Schlips paßt sehr gut zu diesem Sakko.
> Der Sakko paßt gut zu der Hose.
> Ein rostroter Schal sieht gut mit einem olivgrünen Trench aus.

Übung 5   Answer the following questions.

1. Paßt ein gestreifter Rock gut zu einer karierten Bluse?
2. Sieht ein gestreiftes Hemd mit einem karierten Schlips gut aus?
3. Paßt ein grauer Rock gut zu einer Jacke derselben Farbe?
4. Sieht eine beige Hose mit einer dunkelblauen Jacke gut aus?

Gespräch

In der Herrenabteilung

VERKÄUFER	Darf ich behilflich sein?
KUNDE	Bitte sehr, ich möchte einen Sakko.
VERKÄUFER	Welche Größe?
KUNDE	Ich glaube Größe zweiundvierzig.
VERKÄUFER	Wollen Sie lieber einen klassischen Sakko oder etwas Legeres?
KUNDE	Etwas Legeres bitte. Aber nicht zu sportlich.
VERKÄUFER	Ich verstehe. Wir haben eine große Auswahl. Dieser Sakko ist gerade richtig. Sportlich geschnitten, aber aus dunkelem kleingemusterten Stoff. Ich habe diesen Sakko in dunkelblau, dunkelgrau und braun. *(Ein paar Sekunden später)* Na, was meinen Sie?

KUNDE	Ich mag den dunkelblauen.	
VERKÄUFER	*Probieren* Sie ihn mal *an*.	*try on*
	(*Ein Bißchen später*)	
	Er *sitzt* sehr gut.	*fits*
KUNDE	Sehr *flott*.	*stylish, smart*
VERKÄUFER	Er paßt gut zu einer grauen Hose mit Aufschlägen. Hier ist eine Hose aus Baumwolle und Viscose. Pflegeleicht. Mit einem weißen Pullover sieht er	
	schick aus.	*smart, chic*

Übung 6 Choose the correct completion based on the preceding conversation.

1. Der junge Mann will _____ kaufen.
   a. eine Hose   b. einen Sakko   c. einen Anzug
2. Er ist in _____.
   a. einem Kleidungsgeschäft   b. einem Supermarkt   c. einer Boutique
3. Er trägt _____ zweiundvierzig.
   a. Größe   b. Farbe   c. Schuhe
4. Er möchte einen _____ Sakko.
   a. wasserdichten   b. klassischen   c. legeren
5. Der Sakko, den er nimmt, ist _____.
   a. sportlich geschnitten   b. aus Wolle   c. elegant
6. Der Sakko ist _____.
   a. dunkelblau   b. dunkelgrau   c. braun
7. Der Sakko paßt gut zu einer _____ Hose.
   a. grauen   b. roten   c. grünkarierten
8. Der Verkäufer zeigt ihm eine Hose aus _____.
   a. Baumwolle und Viscose   b. Wolle   c. Seide

In der Damenabteilung

VERKÄUFERIN	Kann ich behilflich sein?	
KUNDIN	Ja, bitte. Ich möchte einen Rock.	
VERKÄUFERIN	Wollen Sie lieber einen eleganten oder einen sportlichen Rock?	
KUNDIN	Eher sportlich, aber nicht zu sportlich.	
VERKÄUFERIN	Hier ist ein sehr schöner Faltenrock in grau. Er ist kurz, nur bis ans Knie. Ein *flotter*, sportlicher Look.	*stylish, chic*
KUNDIN	Grau gefällt mir sehr. Es ist eine neutrale Farbe, die zu allem paßt.	

VERKÄUFERIN	Das stimmt. Grau paßt zu allem. Welche Größe tragen Sie?
	(Die Kundin nennt ihre Größe.)
KUNDIN	Darf ich ihn anprobieren?
VERKÄUFERIN	*Selbstverständlich.* Der Umkleideraum ist links *Of course.*
	nach den Blusen.
	(Ein paar Minuten später)
	Der Rock sieht fantastisch aus. Schlicht aber leger.
	Wenn Sie wollen, kann ich Ihnen einen dunkelblauen
	Blazer mit Revers und Goldknöpfen zeigen. Der
	Rock und Blazer machen ein flottes Bild.
KUNDIN	Vielleicht.
VERKÄUFERIN	Und mit diesem *getüpften* Seidenschal... . *polka dot*

Übung 7 Answer the questions based on the preceding conversation.

1. Was will die junge Dame kaufen?
2. Welche Farbe hat der Rock, den die Verkäuferin ihr zeigt?
3. Ist der Rock sehr lang?
4. Die Farbe grau gefällt ihr. Warum?
5. Welche Farbe hat der Blazer, den die Verkäuferin ihr zeigt?
6. Hat der Blazer Revers?
7. Was für Knöpfe hat der Blazer?
8. Schlägt die Verkäuferin einen Schal aus Seide oder aus Wolle vor?

AUS DEM ALLTAG

Beispiel 1

You are speaking with a clerk in a women's clothing store in Lübeck, in northern Germany. You are interested in buying a skirt.

1. The sales clerk wants to know if you prefer a long skirt or a short one. Tell her.
2. She wants to know what fabric you prefer. Tell her.
3. She wants to know if you want a pleated skirt. Tell her.
4. She wants to know what colors you like. Tell her.
5. You would also like to look at some blouses. Tell her.
6. She asks you what size blouse you wear. Tell her.
7. She wants to know if you want a long-sleeved or short-sleeved blouse. Tell her.
8. She wants to know if you would like stripes. Tell her.
9. She suggests you also get a scarf to go with the outfit. Tell her if you are interested or not.

EINBLICK INS LEBEN

Beispiel 1

Read the following headline that appeared in *Brigitte,* a German women's fashion magazine.

In neuen Stoffen, Schnitten und Farben
HOSEN-ANZÜGE
die lässige Alternative zum Kostüm

And here is a description of one of the pant suits advertised in the article.

Auffallende Streifen in schlichter Form: Die
Jacke hat ein neues, tief nach unten gezogenes
Revers und wird zweireihig geknöpft. Modelle
aus Baumwolle/Chemiefaser.

Give the following information based on the advertisement you just read.

1. der Stoff
2. die Jacke hat Knöpfe oder einen Reißverschluß
3. das Muster
4. die Form der Revers

Beispiel 2

Read this advertisement for a store in Berlin.

Give the following information based on the advertisement.

1. What does the store sell?
2. What words in the advertisement mean "air-cushion shoes"?

State in German how the advertisement indicates the following.

1. The salespeople are very knowledgeable.
2. There are four branches in Berlin.
3. The shoes massage the feet.
4. The shoes have two inner soles.

Beispiel 3

Read the following advertisement.

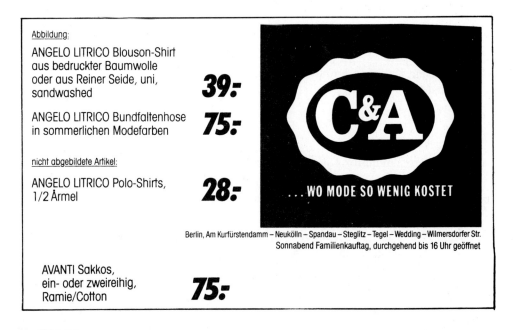

How does the advertisement indicate the following?

1. The store is open until 4:00 P.M. on Saturday.
2. They sell printed cotton shirts.
3. They sell pants in summer fashion colors.
4. They sell single-breasted and double-breasted sport jackets.

Beispiel 4

The following text describing men's fashions appeared in a recent edition of *Tina*, another women's magazine.

> **Very britisch: Das Paradebeispiel eines klassischen Pullis, der allen Jahrgängen steht. Mit dezentem Zopfmuster, aus Lambswool, Gr. 48-58, um 139 DM, noch in Eisblau oder Flieder. Hose aus Winterbaumwolle, Gr. 46 bis 56, um 169 DM.**

Give the following information based on the description you just read.

der Pulli	die Hose
1. der Stil	1. der Stoff
2. die Farben	2. die Größen
3. der Preis	3. der Preis

Tell which articles of clothing were made from the following fabrics.

1. Lammswolle
2. Baumwolle

Men's Clothing (Herrenbekleidung)

bathing suit   der Badeanzug
belt   der Gürtel
bermuda shorts   die Bermudas
boots   die Stiefel
bow tie   die Fliege
briefs (bikini underpants)   der Slip
cap   die Mütze
cardigan sweater   die Strickjacke
gloves   die Handschuhe
handkerchief   das Taschentuch
hat   der Hut
jacket   die Jacke
        sports jacket   der (das) Sakko
jeans   die Jeans
jogging pants   die Jogginghose
necktie   die Kravatte, der Schlips
overcoat   der Mantel
pajamas   der Schlafanzug, der Pyjama
pants   die Hose
parka   der Anorak
pullover sweater   der Pullover, der Pulli
raincoat   der Regenmantel
sandals   die Sandalen

shirt   das Hemd
shoes   die Schuhe
shorts   die kurzen Hosen, die Shorts
slacks   die Hose
sneakers   die Turnschuhe
socks   die Socken
sport coat   der (das) Sakko
suit   der Anzug
suspenders   die Hosenträger
sweater, cardigan   die Strickjacke
        pullover sweater   der Pullover
T-shirt   das T-shirt
trenchcoat   der Trenchcoat, der Trench
tuxedo   der Smoking
umbrella   der (Regen) schirm
underpants   die Unterhose
        bikini-type briefs   der Slip
undershirt   das Unterhemd
underwear   die Unterwäsche
vest   die Weste
wallet   die Brieftasche
windbreaker   die Windjacke

Women's Clothing (Damenbekleidung)

bathing suit   der Badeanzug
bathrobe   der Bademantel, der Morgenrock
bermuda shorts   die Bermudas
blazer   der Blazer
blouse   die Bluse
bra   der BH, der Büstenhalter
cape   das Cape, der Umhang
cardigan sweater   die Strickjacke
change purse   das Portemonnaie
dress   das Kleid
evening gown   das Abendkleid
fur coat   der Pelzmantel
gloves   die Handschuhe

handkerchief   das Taschentuch
hat   der (Damen) Hut
jacket   die Jacke
        windbreaker   die Windjacke
jeans   die Jeans
overcoat   der Mantel
pajamas   der Schlafanzug, der Pyjama
nightgown   das Nachthemd
panties   das Unterhöschen
        bikini-type briefs   der Slip
slacks   die Hose
pant suit   der Hosenanzug
pantyhose   die Strumpfhose

pocketbook   die Handtasche
pullover sweater   der Pullover, der Pulli
raincoat   der Regenmantel
scarf   der Schal
shoes   die Schuhe
shorts   die Shorts
skirt   der Rock
slacks   die Hose
slip, full   der Unterrock
socks   die Socken

stockings   die Strumpfhose
suit   das Kostüm
sweater, cardigan   die Strickjacke
    pullover sweater   der Pullover
tights   die Strumpfhose
trenchcoat   der Trenchcoat, der Trench
umbrella   der (Regen) Schirm
undergarments   die Unterwäsche
windbreaker   die Windjacke

Fabrics (Stoffe)

blend   aus Mischgewebe
cashmere   aus Kashmir (Kashmirwolle)
corduroy   aus Kord
cottom   aus Baumwolle
cotton blend   aus Baumwollmischgewebe
felt   aus Filz
flannel   aus Flanell
gabardine   aus Gabardine
denim   aus Jeansstoff
knit   aus Tricot (Jersey, Strick, Strickstoff)
leather   aus Leder

linen   aus Leinen
nylon   aus Nylon
polyester   aus Polyester
poplin   aus Popelin (Popeline)
seersucker   aus Seersucker
silk   aus Seide
suede   aus Wildleder
terry cloth   aus Frottee
wool   aus Wolle
worsted wool   aus Kammwolle

to shrink   eingehen/einlaufen
        Das Kleid geht ein.
        Das Keid läuft ein.

shrink-proof   nicht eingehend
washable   waschbar
wrinkle-resistant   bügelfrei
synthetic   aus Chemiefaser
easy care   pflegeleicht

Kapitel 18

In der Reinigung und in der Wäscherei

Wortschatz

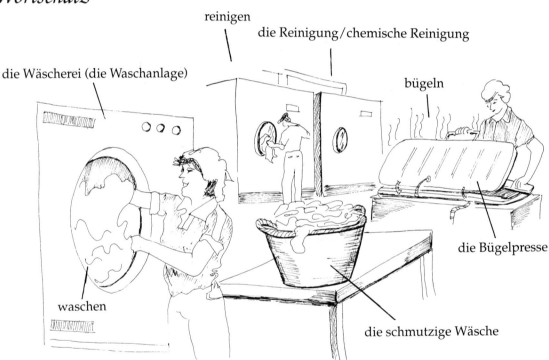

reinigen

die Reinigung/chemische Reinigung

die Wäscherei (die Waschanlage)

bügeln

die Bügelpresse

waschen

die schmutzige Wäsche

Read the following:

Ich möchte dieses Hemd *waschen lassen.* *have…washed*
Ich möchte es auch *bügeln lassen.* *have…pressed*
Ich möchte diese Jacke *(chemisch) reinigen lassen.* *have…dry cleaned*

NOTE   A complete list of articles of clothing and fabrics appears on pages 128-129. Also note that **die Wäsche** can mean "wash," "laundry," "linen," and "underwear," among other things.

Übung 1   Complete the following statements.

1. Dieser Jerseystoff ist aus Wolle. Man darf ihn nicht waschen. Man muß ihn _____ lassen.
2. Ich habe viel schmutzige Wäsche. Ich kann sie nicht selbst waschen. Ich lasse sie in der _____ waschen.
3. Diese Jacke ist sehr zerknittert *(wrinkled)*. Ich bringe sie zur Reinigung und lasse sie _____.

Übung 2   Match the activity in the first column with the establishment in the second column.

1. ____ Ich möchte diesen Anzug bügeln lassen.
2. ____ Ich möchte dieses Hemd waschen lassen.
3. ____ Ich lasse diese Wäsche nicht waschen. Ich wasche sie selbst.
4. ____ Ich möchte diese Hose bügeln lassen.

a. die Wäscherei
b. die Reinigung
c. die Münzwäscherei

Gespräch

In der Reinigung

ANGESTELLTER	Schön guten morgen.
KUNDE	Können Sie mir diesen Sakko reinigen?
ANGESTELLTER	Ja. Wann möchten Sie ihn abholen?
KUNDE	Morgen nachmittag. Geht das?
ANGESTELLTER	Kein Problem. Sie können ihn morgen ab sechzehn Uhr abholen.
KUNDE	Sehr gut. Vielen Dank.

Übung 3   Answer the questions based on the preceding conversation.

1. Wo ist der Herr?
2. Was hat er?
3. Was will er machen lassen?
4. Wann will er ihn haben?
5. Wann kann er ihn abholen?

In der Wäscherei

KUNDIN	Zwei Hemden. Waschen und bügeln, bitte.
ANGESTELLTER	Gut. Sollen wir sie *stärken?* *starch*
KUNDIN	Nein, danke. Ich möchte keine Stärke.
ANGESTELLTER	In Ordnung.
KUNDIN	Wann sind die Hemden fertig?
ANGESTELLTER	Morgen früh.

Übung 4   Complete the statements based on the preceding conversation.

1. Die Kundin geht zur _____.
2. Sie bringt zwei _____.
3. Sie möchte sie _____ und _____ lassen.
4. Sie möchte keine _____.

AUS DEM ALLTAG

Beispiel 1

You are in a dry cleaner's in Sankt Pölten, Austria.
1. You want to have a suit cleaned and pressed. Tell the clerk.
2. Ask when you can have it.
3. The clerk wants to know when you would like to have it. Tell him.

Beispiel 2

You are in a laundry in Solothurn, Switzerland.
1. You have two regular shirts and two T-shirts you want washed. Tell the clerk.
2. She wants to know if you want starch in the shirts. Tell her.
3. She wants to know if you want them ironed, too. Tell her.

Kapitel 19

Beim Arzt

Wortschatz

Eine ärztliche Untersuchung

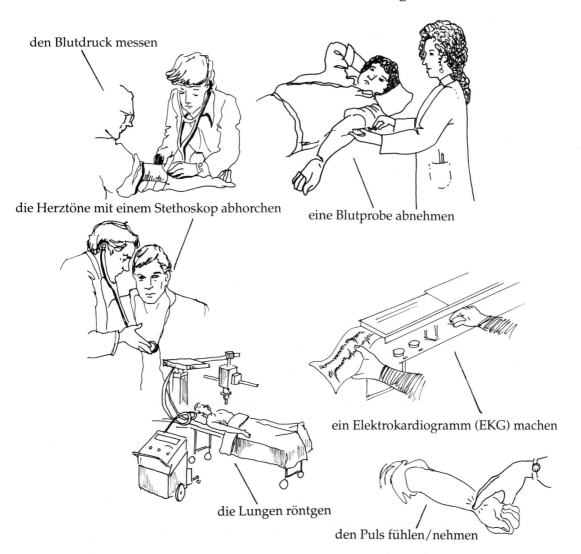

den Blutdruck messen

die Herztöne mit einem Stethoskop abhorchen

eine Blutprobe abnehmen

ein Elektrokardiogramm (EKG) machen

die Lungen röntgen

den Puls fühlen/nehmen

Übung 1 Answer personally.

1. Lassen Sie sich regelmäßig *(regularly)* ärztlich untersuchen?
2. Wie heißt Ihr Arzt (Ihre Ärztin)?
3. Wenn der Arzt Sie untersucht, mißt er Ihren Blutdruck?
4. Ist Ihr Blutdruck normal oder zu hoch?
5. Fühlt der Arzt Ihren Puls?
6. Fühlt er den Puls am Handgelenk?
7. Horcht der Arzt Ihren Herzschlag ab?
8. Macht er auch ein Elektrokardiogramm?
9. Horcht er Ihnen auch die Lungen ab?
10. Macht er eine Röntgenaufnahme von Ihren Lungen?
11. Nimmt der Arzt auch eine Blutprobe?
12. Welche Blutgruppe haben Sie?

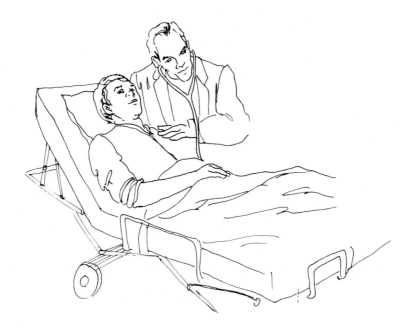

Der Patient liegt auf der Krankenbahre.
Der Patient hat seinen Ärmel hochgekrempelt.

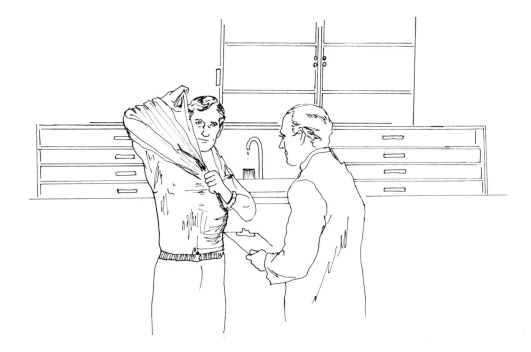

Der Patient macht den Oberkörper frei.
Der Arzt wird ihn untersuchen.

Übung 2   Choose the correct completion.

1. Der Patient macht den Oberkörper frei, weil _____.
   a. der Arzt seinen Puls fühlen will
   b. der Arzt ihm in den Hals schauen will
   c. der Arzt seine Lungen abhorchen will
2. Der Patient liegt auf dem Untersuchungstisch *(examining table)*, weil _____.
   a. der Arzt eine Röntgenaufnahme seiner Lungen machen will
   b. der Arzt seine Augen testen will
   c. der Arzt eine Urinprobe nehmen will
3. Der Arzt sticht eine Nadel in seinem Arm, weil _____.
   a. er sein Herz abhorchen will
   b. er eine Blutprobe abnehmen will
   c. er seine Augen untersuchen will
4. Der Patient krempelt den Ärmel hoch, weil _____.
   a. der Arzt seinen Puls fühlen will
   b. der Arzt seinen Blutdruck messen will
   c. der Arzt eine Urinprobe nehmen will

Übung 3   The doctor instructs you to do the following. Match the doctor's command with the appropriate illustration.

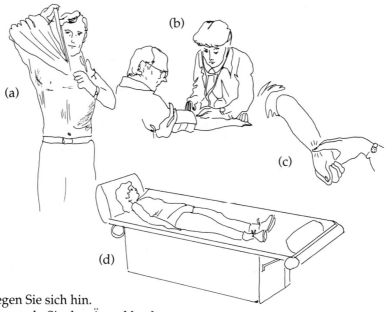

1. _____ Legen Sie sich hin.
2. _____ Krempeln Sie den Ärmel hoch.
3. _____ Geben Sie mir das Handgelenk.
4. _____ Machen Sie den Oberkörper frei.

Übung 4   Explain what you have to do when the doctor tells you to do the following.

1. Ich werde jetzt eine Röntgenaufnahme Ihrer Lungen machen.
2. Ich werde jetzt Ihren Blutdruck messen.
3. Ich werde jetzt eine Blutprobe nehmen.
4. Ich werde jetzt ein Elektrokardiogramm machen.

Read the following:

Der praktische Arzt oder Hausarzt ist ein Mediziner, der seine Praxis nicht auf einen Fachbereich begrenzt. Normalerweise macht der Kranke mit der Sprechstundenhilfe einen Termin und kommt dann in die Praxis. Nachdem der Arzt den Patienten untersucht hat und seine Diagnose gestellt hat, gibt der Patient dem Arzt einen Krankenschein.

   Wenn man zu krank ist, um den Arzt in seiner Praxis aufzusuchen, kommt in den deutschsprachigen Ländern unter Umständen der Arzt zu dem Kranken ins Haus, d.h. er macht einen Hausbesuch. Er stellt dann die Diagnose, verordnet ein Medikament und schreibt das Rezept dafür.

   Wenn der Fall komplizierter ist, zieht der praktische Arzt einen Spezialisten oder Facharzt zu Rate, der ausschließlich diese Art von Krankheiten behandelt.

NOTE   Although the word for "doctor" is **Arzt** (or **Ärztin** if the doctor is a woman), the terms **Herr Doktor** or **Frau Doktor** are used when addressing a doctor directly.

Übung 5   Read the preceding passage again and find the German equivalents for the following expressions.

1. general practitioner
2. treat, care for
3. go for an office visit
4. house call
5. doctor's office
6. make an appointment
7. diagnosis
8. prescription
9. prescribe
10. illness, disease
11. specialist
12. health insurance certificate

Übung 6   Answer personally.

1. Wie heißt Ihr Hausarzt?
2. Wo ist seine Praxis?
3. Braucht man einen Termin?
4. Was verlangt er als Honorar pro Besuch?

Read the following:

Ich bin krank.
Ich fühle mich nicht gut.

Mir geht es nicht gut.

Ich habe eine *Blase*.	blister
Ich habe einen *Ausschlag*.	rash
Ich habe rote *Flecken*.	spots
Mir *juckt* es.	itches
Ich habe *Kopfschmerzen*.	headache
Ich habe ein bißchen *Kopfweh*.	headache
Ich habe eine Migräne.	
Ich habe *Magenschmerzen*.	stomach ache
Ich verspüre *Brechreiz*.	nausea
Ich habe *erbrochen*.	vomited
Ich habe mich *übergeben*.	vomited
Mir ist *schwindlig*.	dizzy
Ich bin *in Ohnmacht gefallen*.	passed out, lost consciousness
Ich bin *wieder zu mir gekommen*.	came to
Ich habe *Atembeschwerden*.	difficulty breathing
Meine Nase ist *verstopft*.	congested
Ich *habe (einen) Schnupfen*.	have a cold
Ich *habe Verstopfung*.	am constipated
Ich habe Probleme mit *der Regel*.	menstrual period

NOTE   A list of the parts of the body appears on page 144.

die Kapsel

das Briefchen

die Tablette

NOTE When people refer to **die Pille** in everyday conversation, they are very frequently referring to the birth control pill, which is also known as **die Antibabypille** in German.

Übung 7   Complete the following monologues.

1. Ich fühle mich _____. Ich war sehr leichtsinnig *(foolish)*. Ich bin zu lange in der Sonne geblieben. Ich verspüre einen leichten _____ und habe Kopfweh. Mir ist auch _____. Ich muß mich ein bißchen hinlegen.
2. Ich bin erkältet. Ich habe Halsschmerzen. Ich huste viel. Meine Nase ist _____. Ich habe _____. Ich glaube, ich habe auch Fieber. Mir geht es wirklich _____.
3. Tja! Was ist denn das? Ein roter Fleck. Ist das eine _____ oder ein _____? Es juckt fürchterlich!

Gespräch

Im Sprechzimmer

ÄRZTIN	Wie fühlen Sie Sich?	
KRANKE	Nicht gut. *Es geht mir elend.*	*I feel terrible.*
ÄRZTIN	Was sind die Symptome?	
KRANKE	Vor zwei Tagen bin ich in Ohnmacht gefallen, aber ich bin gleich wieder zu mir gekommen.	
ÄRZTIN	Und Sie haben mich nicht sofort angerufen?	
KRANKE	Nein. Ich dachte, es wäre nicht nötig.	
ÄRZTIN	Und wie geht es Ihnen jetzt?	
KRANKE	Ich habe leichte Kopfschmerzen.	
ÄRZTIN	Aber keine Migräne?	
KRANKE	Nein.	

Ärztin	Verspüren Sie Brechreiz?	
Kranke	Ja, und mir ist auch schwindlig.	
Ärztin	Haben Sie erbrochen?	
Kranke	Ja. Ich habe mich zweimal übergeben.	
Ärztin	Legen Sie Sich bitte auf den Untersuchungstisch. Ich will den *Bauch* untersuchen. Haben Sie Bauchsmerzen?	*abdomen*
Kranke	Ja. Sehr *schlimme* Bauchschmerzen.	*bad, severe*
Ärztin	Ich glaube, Sie leiden an *Lebensmittelvergiftung,* aber um ganz sicher zu sein, rate ich Ihnen einen Magen-Darm-Spezialisten aufzusuchen.	*food poisoning*
Kranke	*Ach du liebe Zeit!* Ich hoffe, daß er mich nicht ins Krankenhaus einweist. Ich bin in meinem Leben noch nie im Krankenhaus gewesen.	*Goodness gracious!*

Übung 8 In your own words, give the symptoms of the patient in the preceding conversation.

Übung 9 Choose the correct rejoinder based on the preceding conversation.

1. Er ist schwer krank.
    a. Alle Krankheiten sind sehr ernst.
    b. Er fühlt sich seit zwei Tagen nicht gut.
    c. Er hat eine Erkältung.
2. Er ist in Ohnmacht gefallen.
    a. Er ist nicht wieder zu sich gekommen.
    b. Er ist ohnmächtig geworden.
    c. Er ist die Treppe hinunter gefallen.
3. Hat er eine Migräne?
    a. Ja, seine Kopfschmerzen waren sehr schlimm.
    b. Nein, er hat nur leichte Kopfschmerzen.
    c. Der Arzt will eine Blutprobe abnehmen.
4. Er hat leichte Kopfschmerzen.
    a. Er hat keine Migräne.
    b. Er nimmt zwei Aspirin.
    c. Er muß ins Krankenhaus.
5. Er hat Bauchschmerzen.
    a. Der Arzt will den Bauch untersuchen.
    b. Er hat immer Probleme mit der Regel.
    c. Seine Nase ist verstopft.
6. Hat er Lebensmittelvergiftung?
    a. Ja. Er hat zuviel gegessen.
    b. Ja. Er hat zuviel getrunken. Er war betrunken.
    c. Ja. Er hat verdorbenes *(spoiled)* Essen gegessen.

AUS DEM ALLTAG

Beispiel 1

You are a student in Switzerland, and you will be spending an extended period of time
there. Since you believe in preventative medicine **(Gesundheitsvorsorge),** you decide to go
for a physical, or medical checkup. You have already had your exam and you thought it
was quite thorough. Explain to a Swiss colleague everything the doctor did.

Beispiel 2

You are vacationing in Austria and you really feel awful. You think you caught the flu
(sich eine Grippe holen).
1. Call the hotel desk and explain the problem. Ask if they can give you the name of a
   doctor.
2. Not only did they give you the name of a doctor but they told you that she would come
   to the hotel. Explain your symptoms to the doctor.
3. You are amazed that the doctor was willing to visit you at the hotel because you were
   too ill to go out. Tell her.
4. Explain to the doctor that it is very difficult to have a doctor visit you in the United
   States. It is almost always necessary to make an appointment and go to the doctor's
   office.

Beispiel 3

You have been camping in Germany at a campground on the North Sea. The weather has
been very cool and you thought that the food that you brought with you would stay fresh
without refrigeration. You are not feeling too well and you wonder if you might have
gotten food poisoning. You decide to go to a doctor. Explain your symptoms to her.

Kapitel 20

Ein Unfall

Wortschatz

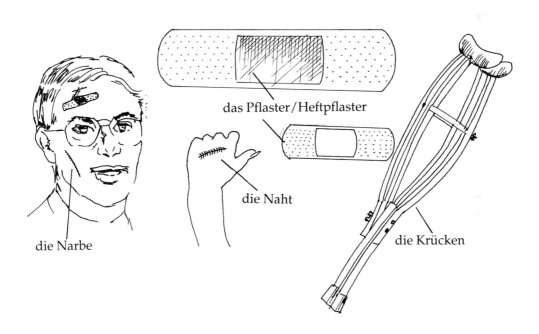

das Pflaster/Heftpflaster

die Naht

die Narbe

die Krücken

Read the following:

Ich bin gefallen.
Ich habe mir das Bein gebrochen.
Ich habe mir den Knöchel *verstaucht.*   *sprained*
Ich habe eine Verstauchung.
Ich habe mir den Knöchel *verrenkt.*   *twisted*

Ich habe mich in den Fuß geschnitten.	
Ich habe viel Blut verloren.	
Der Arzt *näht die Wunde.*	*sews, sutures the wound*
Ich habe mich am Knie *verletzt.*	*hurt, injured*
Ich werde einen Orthopäden (eine Orthopädin) besuchen.	
Er hat eine Röntgenaufnahme gemacht.	
Er röntgt den *Knochenbruch.*	*break, fracture*
Es ist ein *einfacher Bruch.*	*simple fracture*
Es ist ein *komplizierter Bruch.*	*compound fracture*
Der Orthopäde *richtet* den Knochen *ein.*	*sets*
Dann hat er mein Bein *in Gips gelegt.*	*put in a cast*
Er *legt einen Verband auf die Wunde.*	*bandages the wound*

NOTE   A list of the parts of the body appears on page 144.

Übung 1   Answer the following questions personally, as if you had had an accident.

1. Haben Sie einen Unfall gehabt?
2. Wo denn?
3. Haben Sie sich das Bein gebrochen?
4. Was für einen Arzt besuchen Sie dafür?
5. Haben Sie einen komplizierten Bruch?
6. Macht der Orthopäde eine Röntgenaufnahme des Knochenbruches?
7. Muß er den Knochen einrichten?
8. Legt er dann das Bein in Gips?
9. Müssen Sie jetzt auf Krücken laufen?
10. Wie lange?

Übung 2   Complete the following statements.

1. Ich habe mich in den _____ geschnitten.
2. Ich habe viel _____ verloren.
3. Der Chirurg hat die _____ genäht.
4. Dann hat er einen _____ auf die Wunde gelegt.
5. Er hat mir versichert, daß keine _____ zurückbleibt.

Gespräch

Ein Unfall

BETTINA   Ich habe einen Unfall gehabt.
HARALD   Wann ist er passiert?
BETTINA   Vor zwei Wochen.
HARALD   War es ein schwerer Unfall?
BETTINA   Eigentlich nicht. Ich bin gefallen und habe
mir den Knöchel verrenkt.
HARALD   Bist du zum Orthopäden gegangen.
BETTINA   Ja. Der Knöchel hat mir sehr weh getan.
HARALD   Hat er dir das Bein in Gips gelegt?
BETTINA   *(Lächelnd)* In Gips gelegt? Ich habe mir den
Knöchel verrenkt, nicht gebrochen!
HARALD   Also. Was hat denn der Arzt gemacht?
BETTINA   Nicht viel. Er hat mir gesagt, ich soll den
Knöchel sechsmal am Tag in sehr kaltem Wasser
baden und eine elastische *Binde* anlegen. Ich bin   *bandage*
eine Woche auf Krücken gegangen.

Übung 3   Answer the questions based on the preceding conversation.

1. Hat Bettina einen Unfall gehabt?
2. Was ist ihr passiert?
3. War es ein schwerer Unfall?
4. Wen hat sie besucht?
5. Was hat er gemacht?
6. Warum hat er ihr Bein nicht in Gips gelegt?
7. Welchen Rat *(advice)* hat er Bettina gegeben?
8. Wie lange ist sie auf Krücken gelaufen?

AUS DEM ALLTAG

Beispiel 1

During a recent trip to Germany you went hiking near Zugspitze in the German Alps. Unfortunately you stumbled **(stolpern),** twisted your ankle, and sprained it. Since you didn't break it, the doctor didn't have to set it or put it in a cast. He just bandaged it and you hobbled around on crutches for a couple of days. In your own words, explain this whole episode to a German friend.

Beispiel 2

You were windsurfing on a lake in Switzerland **(windsurfen).** Explain to a German friend what happened.
1. You fell from the board and cut your cheek.
2. You went to the doctor.
3. He sutured the wound.
4. He gave you a tetanus shot **(Tetanusspritze).**

Parts of the Body (Körperteile)

ankle   der Knöchel
arm   der Arm
back   der Rücken
bladder   die Blase
body   der Körper
bone   der Knochen
brain   das Gehirn
breast   die Brust
cheek   die Wange, Backe
chest   der Brustkorb
chin   das Kinn
collarbone   das Schlüsselbein
ear   das Ohr
elbow   der Ellbogen, Ellenbogen
eye   das Auge
eyelid   das Augenlid
face   das Gesicht
finger   der Finger
foot   der Fuß
forehead   die Stirn
gallbladder   die Gallenblase
gum   das Zahnfleisch
hand   die Hand
head   der Kopf
heart   das Herz
heel   die Ferse
hip   die Hüfte
intestines   der Darm, Dickdarm,
    Dünndarm

jaw   der Kiefer
joint   das Gelenk
kidney   die Niere
knee   das Knie
kneecap   die Kniescheibe
leg   das Bein
lip   die Lippe
liver   die Leber
lung   die Lunge
mouth   der Mund
muscle   der Muskel
nail   der Nagel, Fingernagel, Zehennagel
neck   der Hals
nerve   der Nerv
nose   die Nase
rib   die Rippe
shoulder   die Schulter
skin   der Haut
stomach   der Magen, Bauch
temple   die Schläfe
thigh   der Oberschenkel
throat   der Hals, die Kehle, der Rachen
thumb   der Daumen
toe   der Zeh, die Zehe
tongue   die Zunge
tonsils   die Mandeln
tooth   der Zahn
vein   die Vene

Kapitel 21

Im Krankenhaus

Wortschatz

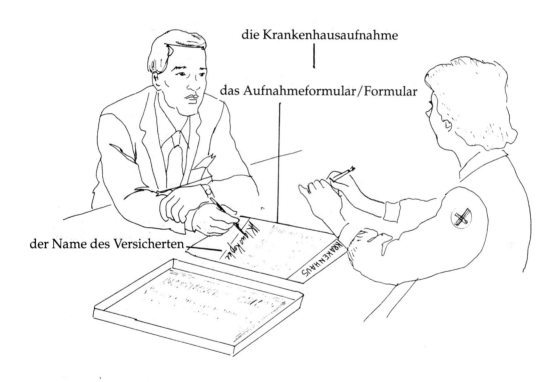

die Krankenhausaufnahme

das Aufnahmeformular/Formular

der Name des Versicherten

NOTE Most people in the German-speaking countries are covered by a health insurance (**Krankenversicherung**) program that is required by statute; those who are not generally opt to have private insurance (**privat Versicherung**). In either case the insured individuals are said to be **in einer Krankenkasse.** Whenever patients make a doctor's visit or are admitted to the hospital, they must fill in the name of their **Krankenkasse** and their insurance policy number on the appropriate forms. Those who are covered by private insurance are referred to as **Privatpatienten.** It is also possible to purchase supplemental insurance (**Zusatzversicherung**).

Übung 1 Answer the questions based on the illustration.

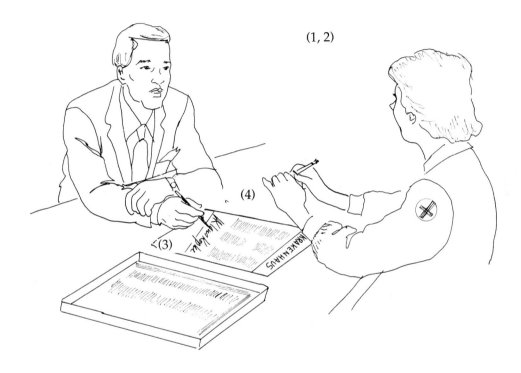

1. Ist das die Krankenhausaufnahme oder das Sprechzimmer?
2. Ist das ein Aufnahmeformular oder eine Versicherungspolice?
3. Ist das der Name des Versicherten oder der Name der Krankenkasse?
4. Füllt der Patient oder die Krankenschwester das Aufnahmeformular aus?

die Notversorgung

der Krankenwagen/ Rettungswagen/Unfallwagen

der Verletzte

die Unfallstation

UNFALLSTATION

der Rollstuhl

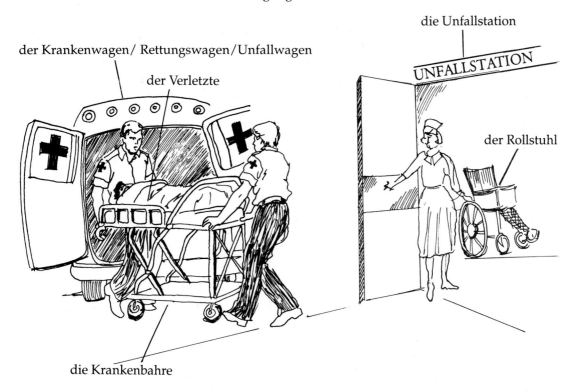

die Krankenbahre

Übung 2   Answer the questions based on the illustration.

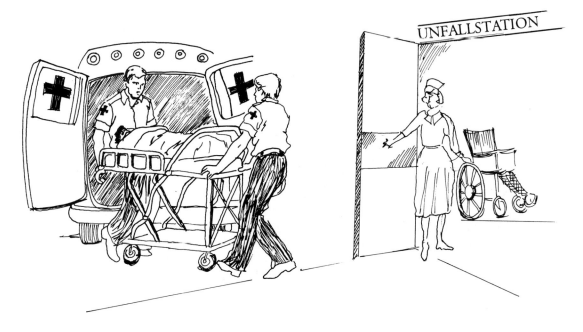

1. Ist Ingo krank oder verletzt?
2. Wo kommt er jetzt an?
3. Kommt er in einem Krankenwagen an?
4. Wohin bringt man ihn?
5. Liegt er auf einer Krankenbahre oder sitzt er im Rollstuhl?

Gespräch

Die Unfallstation

TELEFONISTIN	Universitätsklinik. Guten Morgen.
EINE FRAU	Die Unfallstation, bitte.
TELEFONISTIN	Augenblick. Ich verbinde.
OBERSCHWESTER	Unfallstation.
EINE FRAU	Meinem Mann geht es schlecht. Er ist in Ohnmacht gefallen. Ich glaube, er hat einen Herzinfarkt.
OBERSCHWESTER	Rufen Sie schnell den *Notarzt*. Ihr Mann wird dann mit einem Krankenwagen abgeholt. Die Telefonnummer für den Notarzt ist 110.
EINE FRAU	Danke für Ihre Hilfe.

emergency physician

Übung 3   Complete the statements based on the preceding conversation.

1. Die Frau ruft die _____ an.
2. Sie redet zuerst mit der _____.
3. Sie will mit der _____ verbunden *(connected)* werden.
4. Ihrem Mann geht es _____.
5. Er ist _____ gefallen.
6. Die Unfallstation bestellt keinen _____.
7. Die Frau muß den _____ anrufen.
8. Die Notrufnummer für ärztliche Notfällen ist _____.

AUS DEM ALLTAG

Beispiel 1

You are working for the summer at a hospital in the United States. A tourist from Liechtenstein is being admitted after an accident. His wife is very nervous and is having difficulty thinking of the words in English. Assist her by speaking German with her.

1. Ask her what her husband's name is.
2. Ask her for her address.
3. Ask her if she has insurance.
4. Find out the name of the company.
5. Ask her if she has her policy number.

Kapitel 22

In der Apotheke

Wortschatz

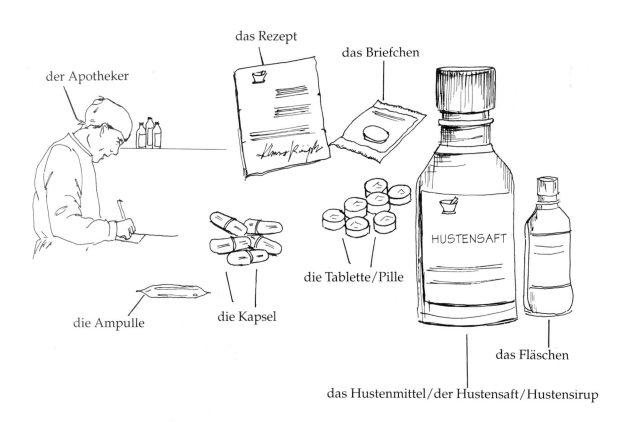

der Apotheker

das Rezept

das Briefchen

die Ampulle

die Kapsel

die Tablette/Pille

HUSTENSAFT

das Fläschen

das Hustenmittel/der Hustensaft/Hustensirup

Übung 1   Answer the questions based on the illustration.

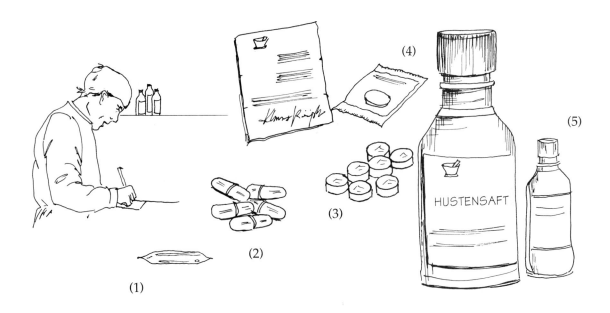

1. Ist das eine Ampulle oder ein Fläschchen?
2. Sind das Kapseln oder Pillen?
3. Sind das Tabletten oder Kapseln?
4. Ist das ein Fläschen oder ein Briefchen?
5. Ist das ein Fläschen oder ein Briefchen?

Übung 2   Choose the correct completion.

1. Der Arzt verschreibt _____ .
   a. Antibiotika   b. Apotheker   c. Ampullen
2. Der _____ schreibt Rezepte.
   a. Arzt   b. Apotheker   c. Krankenpfleger
3. Heute kaufe ich _____ Hustensirup.
   a. ein Päckchen   b. eine Flasche   c. eine Ampulle
4. Ich habe Kopfschmerzen. Ich muß _____ kaufen.
   a. Hustenmittel   b. Aspirin   c. Antibiotika

5. Ein sehr kleines Arzneifläschchen mit einer sterilen Lösung zum Einspritzen heißt eine

_____.
   a. Flasche   b. Kapsel   c. Ampulle
6. Eine kleines Päckchen mit einem Arzneipulver heißt _____.
   a. eine Tablette   b. eine Tube   c. ein Briefchen
7. Eine Tablette ist _____.
   a. eine Pille   b. eine Kapsel   c. ein Saft
8. Viele Medikamente sind in einer _____ aus Gelatine eingeschlossen.
   a. Ampulle   b. Kapsel   c. Flasche

Gespräch

Beim Apotheker

APOTHEKER	Guten Tag. Was darf es sein?
KUNDIN	Ich möchte diese beiden Rezepte einlösen, bitte.
APOTHEKER	Sofort. Ich bereite sie sofort vor.
KUNDIN	Soll ich später zurückkommen?
APOTHEKER	Nein. Sie können ruhig warten. Es dauert nicht lange.

(Etwas später)

Diese Tabletten nehmen Sie dreimal am Tag nach den Mahlzeiten. Und von diesem Medikament hier müssen Sie jeden Abend vor dem Schlafengehen eine Kapsel nehmen. Übrigens, Sie wissen doch, daß Sie während der Einnahme dieser Medikamente Koffein und Alkohol strikt meiden müssen.

Übung 3   Answer the questions based on the preceding conversation.

1. Wo ist die Kundin?
2. Mit wem redet sie?
3. Was hat sie mit?
4. Was will sie dort damit machen?
5. Bekommt sie die Medikamente sofort?
6. Wieviele Tabletten pro Tag muß sie nehmen?
7. Und wieviele Kapseln?
8. Wann muß sie die Kapsel nehmen?
9. Was muß sie meiden, während sie diese Medikamente nimmt?

Wortschatz

In den deutschsprachigen Ländern bekommt man rezeptpflichtige sowie nichtrezeptpflichtige Medikamente in der Apotheke. Nur ein Apotheker (oder Apothekerin) kann Rezepte einlösen *(fill)*. In einer Drogerie bekommt man Artikel, die für die Körperpflege wichtig sind, zum Beispiel, Seife, Zahnpasta, Mundwasser und so weiter.

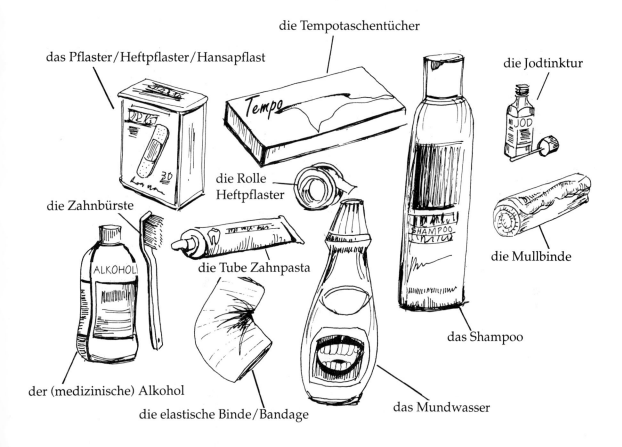

die Tempotaschentücher

das Pflaster/Heftpflaster/Hansapflast

die Jodtinktur

die Rolle Heftpflaster

die Zahnbürste

die Mullbinde

die Tube Zahnpasta

das Shampoo

der (medizinische) Alkohol

das Mundwasser

die elastische Binde/Bandage

Übung 4   Do the following.

1. Name three items you can use to clean a wound.
2. Name three items you can use to cover a wound.
3. Name three items you need to practice good oral hygiene.

AUS DEM ALLTAG

Beispiel 1

You are in a pharmacy in Halle an der Saale. You have a cold and a sore throat.

1. Tell the pharmacist what you have.
2. Tell him you want some lozenges **(Hustenpastillen)** and cough medicine.
3. Since in the German-speaking countries it is not necessary to have a prescription for many medicines that require a prescription in the United States, ask the pharmacist if he can recommend an antibiotic for you.
4. He wants to know whether you prefer liquid, tablet, or capsule. Tell him.

Beispiel 2

You are going on a camping trip in the Harz Mountains. You want to put together a kit of personal products as well as some first-aid items before hitting the trails. Go to a **Drogerie** and tell the sales clerk what you need.

Kapitel 23

Kulturelle Veranstaltungen

Wortschatz

Das Kino

Read the following:

Filmgattungen
  der Kurzfilm/Dokumentarfilm
  der Zeichentrickfilm von Walt Disney/Zeichenfilm
  der Kriminalfilm/der Krimi/Detektivfilm
  der Horrorfilm
  der Spionagefilm/Agentenfilm
  der Liebesfilm
  der Abenteuerfilm
  der Science-fiction Film
  der erotische Film/Pornofilm
  der Wildwestfilm/Western

Read the following:

> Wenn man ins Kino geht, sieht man bei jeder Vorstellung einen
> Kurzfilm oder einen Dokumentarfilm, einen Zeichentrickfilm,
> etwas *Werbung*, die *Wochenschau* und *einen Spielfilm*.

*advertising, newsreel,
feature film*

Übung 1   Say the following in German.

1. a cowboy movie
2. a newsreel
3. a porno movie
4. a horror movie
5. a spy movie
6. a documentary
7. a detective movie
8. a cartoon

Übung 2   Answer the following questions.

1. Welche Filmgattungen haben Sie gern?
2. Gehen Sie oft ins Kino?
3. Sind Sie Cineast (Filmenthusiast)?
4. Gibt es ein Kino bei Ihnen in der Nähe?
5. Hat dieses Kino eine Nonstopvorstellung oder nur zwei Vorstellungen pro Tag?
6. Sind die Vorstellungszeiten am Eingang angeschlagen *(posted)?*

Das Theater

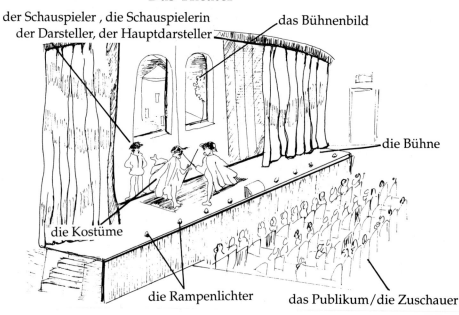

der Schauspieler , die Schauspielerin
der Darsteller, der Hauptdarsteller
das Bühnenbild
die Bühne
die Kostüme
die Rampenlichter
das Publikum/die Zuschauer

Read the following:

Theaterstückgattungen:
die Komödie, das Lustspiel
die dramatische Komödie
die Tragödie, das Trauerspiel
die Oper
die Operette
das Musical
das avantgardistische Theaterstück
die Solovorstellung, die Einmannschau

Das Publikum hat das Theaterstück geliebt.
Das Theaterstück war ein Hit.
Das Stück hat den Zuschauern (gut) gefallen.
Die Zuschauer applaudieren.

Der Vorhang geht auf.
Die Schauspieler treten auf (erscheinen auf der Bühne).

Der Vorhang fällt.
Die Schauspieler wurden zweimal herausgerufen.

Die Schauspieler bekamen zwei Vorhänge.

*The players had two
curtain calls.*
*The players had two
curtain calls.*

Das Theaterstück (das Stück) hat drei Akte.
Jeder Akt hat zwei Szenen.
Nach jedem Akt gibt es eine Pause.

Übung 3   Answer personally.

1. Welche Gattung von Theaterstück mögen Sie am liebsten?
2. Haben Sie einmal eine Rolle im Laientheater *(amateur theater)* gespielt?
3. Gehen Sie oft ins Theater?
4. Welchen Schauspieler haben Sie am liebsten?
5. Welche Schauspielerin haben Sie am liebsten?

Übung 4   Match each word in the first column with the appropriate description in the second column.

1. ____ eine Tragödie	a.	lustig
2. ____ eine Einmannschau	b.	traurig
3. ____ ein avantgardistisches Theaterstück	c.	viele Kostüme und Musik
4. ____ eine Komödie	d.	ein einziger Darsteller
5. ____ eine Oper	e.	sehr modern
6. ____ ein Musical	f.	hauptsächlich gesungen

Übung 5   Complete the following statements.

1. In den meisten größeren deutschen Theatern geht der _____ um 20 Uhr 30 auf.
2. Dann treten die _____ auf.
3. Das Publikum _____, besonders wenn ein großer Star auftritt.
4. Viele Theaterstücke haben drei _____.
5. Oft hat ein Akt zwei oder mehr _____.
6. Während der _____ prominieren die Zuschauer oder nehmen eine Erfrischung *(refreshment)* zu sich.
7. Das Theaterstück endet, wenn der _____ fällt.
8. Wenn das Theaterstück den Zuschauern gefällt, werden die _____ am Ende des Stücks herausgerufen.

Gespräch

Ein Abend im Theater

RAINER	Du warst im Theater heute abend?	
STEFAN	Ja.	
RAINER	Was hast du gesehen?	
STEFAN	Einen *Klassiker.* Goethes "Faust".	*classic*
RAINER	War die Aufführung gut?	
STEFAN	*Ausgezeichnet.* Die *Besetzung* war sehr gut.	*outstanding/cast*
RAINER	Und wie war das *Bühnenbild?*	*stage design*
STEFAN	Fantastisch. Das Bühnenbild für die Szene in der Kathedrale war besonders toll.	
RAINER	Und die Kostüme?	
STEFAN	Nicht besonders aufwendig, aber *passend* für die *damalige* Zeit.	*fitting* *at that time*

Übung 6   Answer the questions based on the preceding conversation.

1. Wo ist Stefan gewesen?
2. Was hat er gesehen?
3. Wann hat er das Stück gesehen?
4. War es eine Uraufführung (eine Premiere)?
5. Wer hat das Stück geschrieben?
6. Hat die Aufführung Stefan gefallen?
7. Beschreiben Sie die Kostüme und das Bühnenbild.
8. Kennen Sie Goethes "Faust"?

AUS DEM ALLTAG

Beispiel 1

It is a beautiful spring night in Berlin. You are seated in a sidewalk café on Kurfürstendamm (Kudamm) and you are having a discussion about the theater over a **Berliner Weiße** (a top-brewed beer that is served either **mit oder ohne Schuß,** i.e. either with or without a shot of raspberry syrup).

1. Your friend wants to know if you are a theater buff. Respond.
2. Your friend wants to know who your favorite actor is. Tell her.
3. Your friend asks you who your favorite actress is. Respond.
4. Your friend wants to know what type of theater you prefer. Tell her.
5. Your friend wants to know if theater tickets are expensive in the United States. Tell her how much they cost.
6. Your friend wants to know at what time shows begin in the United States. Tell her that they usually begin at 8:00 or 8:30.
7. Your friend wants to know if you would like to see a German play. Respond.

EINBLICK INS LEBEN

Beispiel 1

Look at this advertisement that appeared recently in the *Berliner Morgenpost.*

Give the following information based on the advertisement you just read.

1. What is the name of the play?
2. Who was the author of the play?
3. Where is the play being presented?
4. Who is playing the title role?
5. What composer's music is featured?
6. Can you order tickets by telephone?

24. Juni - 5. Juli, tägl. 20 Uhr,
Sa.+ So. auch 15 Uhr,
Kaiser-Wilhelm-
GEDÄCHTNISKIRCHE
7. Juli, 17 Uhr + 20 Uhr
Nikolaikirche Potsdam
Ezard Haußmann als

Jedermann

von Hugo von Hofmannsthal
Musik Johann Sebastian Bach
Mit Brigitte Mira, Ingrid
Steeger, Brigitte Grothum,
Wolfgang Gruner, Gerd
Duwner, Klaus Dahlen u.a.

Vorverkauf: Kartenservice
Hardenbergstraße 6,
1000 Berlin 12, ☎ 313 70 07
und alle Theaterkassen.

Kartenzusendung per Post
Telefon (030) 313 70 07

Beispiel 2

Look at the following advertisement that also appeared in the *Berliner Morgenpost*.

The noted Berliner Ensemble Theater has two events scheduled for the day. Tell what the two different events are and give any other information you can about the Berliner Ensemble.

Kapitel 24

Sport

Wortschatz

Schwimmen

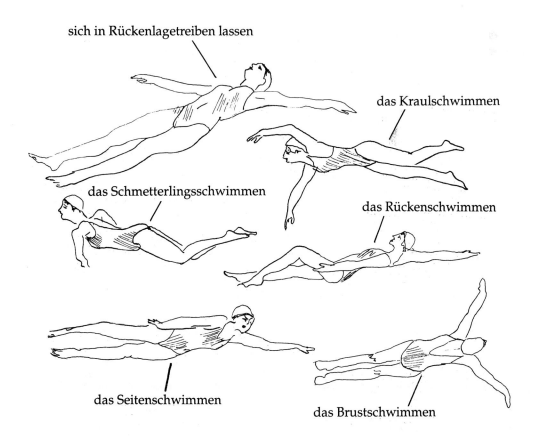

sich in Rückenlagetreiben lassen

das Kraulschwimmen

das Schmetterlingsschwimmen

das Rückenschwimmen

das Seitenschwimmen

das Brustschwimmen

Wasserspringen

die Absprungstellung

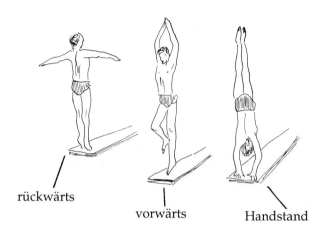

rückwärts

vorwärts   Handstand

das Eintauchen

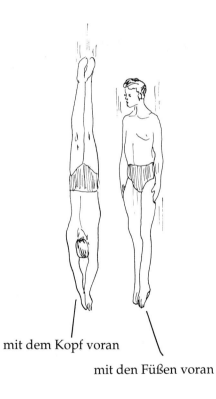

der Sprung

gestreckt   gebückt   gehockt

mit dem Kopf voran

mit den Füßen voran

Wassersport

das Wasserschilaufen

das Windsurfing

das Gerätetauchen/
Sportrauchen

Übung 1   Give the German equivalent for swimming the following strokes.

1. butterfly stroke
2. breaststroke
3. backstroke
4. crawl
5. sidestroke

Übung 2   Give the German equivalent for your diving preferences.

1. The position of your body as you leave the diving board
2. The position of your body as you are in the air
3. The position of your body as you enter the water

Übung 3   Answer personally.

1. Schwimmen Sie gern?
2. Gehen Sie oft schwimmen?
3. Schwimmen Sie lieber im Meer oder im Schwimmbecken?
4. Schwimmen Sie lieber in einer Schwimmhalle oder in einem Freibad?
5. Welchen Schwimmstil haben Sie am liebsten?
6. Können Sie wasserschilaufen?
7. Können Sie windsurfen?
8. Können Sie gerätetauchen?

Schilaufen

der Langlauf

der Abfahrtslauf

der Schilehrer

die Slalompiste

Verschiedene Arten von Schilift

die Seilschwebebahn

der Sessellift

der Schlepplift

der Doppelsessellift

Übung 4   Identify each type of ski lift.

(a)

(b)

(c)

(d

Übung 5   Answer personally.

1. Laufen Sie gern Schi?
2. Gehen Sie oft schilaufen?
3. Wohin gehen Sie am liebsten schilaufen?
4. Welche Art von Schilift haben Sie am liebsten?
5. Laufen Sie lieber Schi oder Schlittschuh?

Übung 6   Give the words or expressions being defined.

1. Schilaufen, bei dem man steile Pisten hinunter fährt
2. Schilaufen, bei dem man übers Land fährt
3. derjenige, der Schiunterricht erteilt
4. ein Abfahrtslauf, bei dem man viele Wendungen und Kurven machen muß

Das Tennisspiel

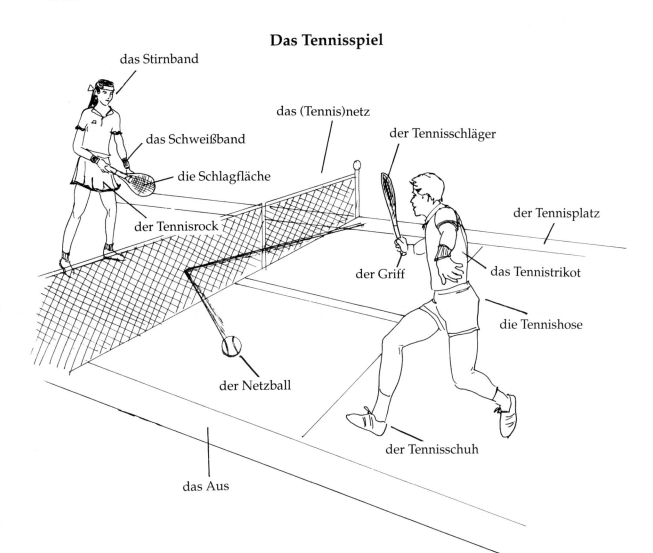

das Stirnband

das Schweißband

die Schlagfläche

der Tennisrock

das (Tennis)netz

der Tennisschläger

der Tennisplatz

der Griff

das Tennistrikot

die Tennishose

der Netzball

der Tennisschuh

das Aus

Read the following:

Der Aufschläger schlägt auf.
Der Rückschläger schlägt den Ball zurück.

das Einzelspiel   ein Spiel für zwei Spieler
das Doppelspiel   ein Spiel für vier Spieler
null zu null   wenn alle Tennisspieler keine Punkte haben

Übung 7 Complete the following statements.

1. Früher haben Frauen beim Tennisspielen immer einen _____ und Männer immer _____ getragen.
2. Das _____ hält den Schweiß *(perspiration)* aus den Augen.
3. Der Aufschläger schlägt den Ball auf und der _____ schlägt den Ball züruck.
4. Zwei Spieler spielen in einem _____ und vier Spieler in einem _____.
5. Man hält den Schläger am _____ und schlägt den Ball mit der _____.
6. Man sagt _____, wenn alle Tennisspieler keine Punkte haben.
7. Der Ball ist nicht innerhalb der Seitenlinie; er ist im _____.
8. Der Ball geht nicht über das Netz. Er berührt *(touches)* das Netz. Er ist ein _____.

Übung 8 Answer personally.

1. Sind Sie ein Tennisfan?
2. Gibt es Tennisplätze bei Ihnen in der Nähe?
3. Spielen Sie oft Tennis?
4. Haben Sie einen Tennisschläger?
5. Spielen Sie lieber Einzel oder Doppel?
6. Wenn Sie Tennis spielen, tragen Sie ein Stirnband und ein Schweißband?

Fußball

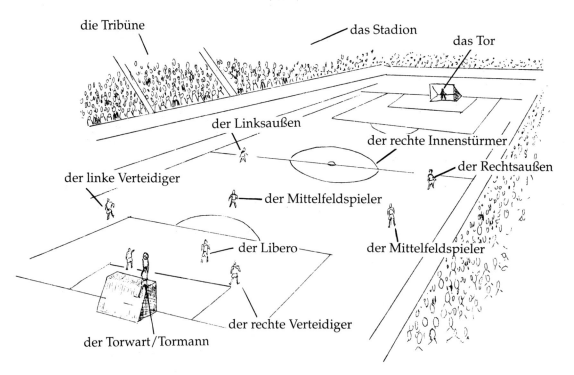

den Ball fangen

kicken/der Fußtritt

köpfen/der Kopfstoß

Read the following:

> Bayer Leverkusen spielt gegen Borussia Dortmund.
> Ein Fußballspieler wirft den Ball ein.
> Er schießt den Ball mit dem Fuß/Er kickt den Ball.
> Er stößt den Ball mit dem Kopf/Er köpft den Ball.
> Becker nimmt den Ball wieder in Besitz.
> Er gibt den Ball an Hartmann ab.
> Er schießt auf das Tor.
> Er trifft den Torpfosten.
> Der Torwart faustet den Ball.

Der *Schiedsrichter* pfeift.	*referee*
Er verhängt einen *Strafstoß*.	*penalty kick*

Hartmann schießt wieder.
Der Tormann hält den Ball nicht.
Der Ball geht ins Tor.
Bayer Leverkusen schießt ein Tor.
Der *Spielstand* ist eins zu *null*.   *score*
Borussia Dortmund macht einen plötzlichen
    Vorstoß und *gleicht* den Spielstand *aus.*   *evens up*
Beide Mannschaften haben die gleiche Anzahl
    von Toren.
Das Spiel ist unentschieden.

Übung 9   Identify the position being described.

1. er spielt vorne ganz links
2. er verteidigt das Tor
3. er spielt Angriff *(offense)* und Abwehr *(defense)*
4. die Spieler, die dem Torwart helfen, das Tor zu verteidigen

Übung 10   Based on the above description of the game, answer the following questions.

1. Welche Mannschaft spielt gegen Borussia Dortmund?
2. Für welche Mannschaft spielt Becker?
3. An wen gibt Becker den Ball ab?
4. Fängt Hartmann den Ball?

5. Was macht er?
6. Schießt er ein Tor?
7. Was ist der Spielstand?
8. Welche Mannschaft macht nun einen plötzlichen Vorstoß?
9. Wer pfeift?
10. Ist das Stadion voll?

AUS DEM ALLTAG

Beispiel 1

You are on the island of Sylt in the North Sea. You are speaking with a German friend.
1. He wants to know if you like to swim. Respond.
2. He asks you if you swim often. Tell him.
3. He wants to know if you prefer the ocean or indoor or outdoor pools. Tell him which you prefer and where you have the opportunity (**die Gelegenheit**) to swim more often.
4. He wants to know if you have a favorite stroke. Tell him.
5. He asks you about diving. Tell him whether or not you are a good diver.
6. He wants to know what other water sports you like. Tell him.

Beispiel 2

You just returned from Germany where you saw a soccer game. Give a report to your German class about the game.

Kapitel 25
Das Wohnen

Wortschatz

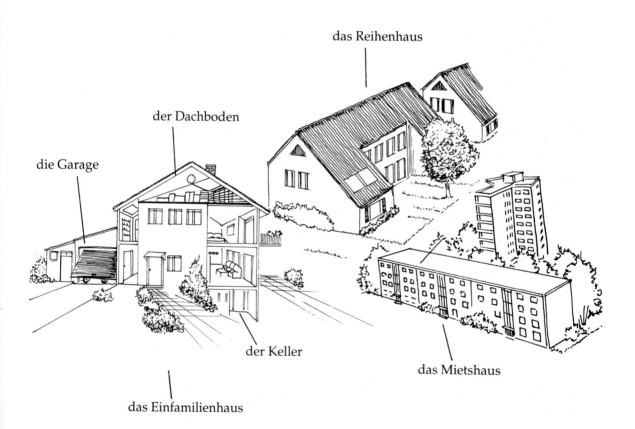

das Reihenhaus

der Dachboden

die Garage

der Keller

das Mietshaus

das Einfamilienhaus

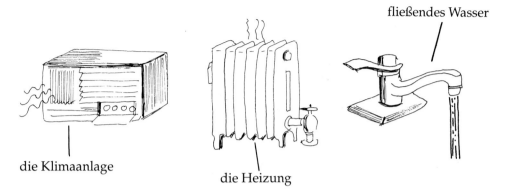

die Klimaanlage

die Heizung

fließendes Wasser

Read the following:

der Flur Vorraum in Haus oder Wohnung, Korridor
der Abstellraum Raum im Keller zur Aufbewahrung von wenig gebrauchten
Gegenständen
der Lagerraum Raum im Keller zur Lagerung von Vorräten
eine Wohnung mit allem Komfort eine Wohnung mit allen modernen Einrichtungen,
z.B. Zentralheizung, fließendem Wasser, u.s.w.

Übung 1 Answer the following questions.

1. Gibt es viele Einfamilienhäuser in den Vereinigten Staaten?
2. Haben die meisten Häuser und Wohnungen in den USA fließendes Wasser?
3. Haben die meisten Häuser und Wohnungen in den USA Zentralheizung?
4. Sind die meisten Häuser und Wohnungen in den USA klimatisiert?
5. Was ist eine Wohnung mit allem Komfort?

Übung 2 Answer the questions based on the illustration.

1. Ist dieses Haus ein Einfamilienhaus oder ein Reihenhaus?
2. Hat dieses Haus einen Keller?
3. Und einen Dachboden?
4. Hat es einen Lagerraum im Keller?
5. Hat es eine Garage für das Auto?

Übung 3   Complete the following statements.

1. Man kann sein Auto in die _____ stellen.
2. Man kann Sachen, die man nicht jeden Tag braucht, im _____ oder auf dem _____ aufbewahren.
3. Häuser und Wohnungen in tropischen Ländern haben keine _____, aber sie sind oft _____.
4. Viele Häuser in den USA sind aus Holz. In Deutschland dagegen gibt es sehr wenige Häuser aus _____.

Read the following:

> **der Eigentümer**   Ein Eigentümer besitzt sein Haus oder seine Wohnung (eine Eigentumswohnung). In der Regel kauft er das Haus oder Wohnung auf Kredit und zahlt monatliche Raten auf eine Hypothek *(mortgage)* über einen Zeitraum von fünfzehn bis zwanzig Jahren.
>
> **der Mieter**   Ein Mieter kauft sein Haus oder seine Wohnung nicht. Er mietet eine Wohnung und bezahlt Miete.

Übung 4   Answer the following questions.

1. Wer kauft seine Wohnung? Ein Eigentümer oder ein Mieter?
2. Wer zahlt Raten auf eine Hypothek? Ein Eigentümer oder ein Mieter?

Häuser in Deutschland

In Deutschland, wie in den Vereinigten Staaten, gibt es verschiedene Wohnmöglichkeiten. Zum Beispiel, gibt es Wohnsiedlungen, die aus Einfamilienhäusern bestehen, besonders in den Vorstädten der Großstädte. In den Wohnsiedlungen findet man auch Doppelhäuser und Reihenhäuser sowie größere Mietshäuser.

In den Großstädten wohnen die meisten Leute in kleineren und größeren Mietshäusern und Wohnblöcken. Oft findet man sehr stilvolle Wohnungen in den schönen alten Apartmenthäusern, die vor dem Krieg gebaut worden sind. In den Villenvierteln sind große, schöne Häuser für Leute, die gut verdienen. Die sogenannten "Sozialwohnungen" werden vom Staat für die Leute, die sehr wenig verdienen, gebaut.

Übung 5   Describe each of the following in your own words.

1. eine Wohnsiedlung
2. ein Einfamilienhaus
3. ein Doppelhaus
4. ein Reihenhaus
5. ein Mietshaus
6. eine Sozialwohnung

Übung 6   Correct the following false statements.

1. Leute, die sehr wenig verdienen, wohnen oft in großen Häusern in einem Villenviertel.
2. Reiche Leute wohnen in Sozialwohnungen.
3. Wohnsiedlungen sind normalerweise mitten in der Altstadt.
4. Eine Villa ist ein kleines, sehr einfaches Haus.

AUS DEM ALLTAG

Beispiel 1

You are spending a week on Wörthersee in Kärnten, Austria. You meet some Austrian people from the Vienna area who are also vacationing on the lake. You are having a conversation with them.

1. You want to know if they live in the city of Vienna or in the suburbs. Ask them.
2. They tell you they live in Vienna. Ask them if they have a house or an apartment.
3. They tell you they have an apartment. Ask them if they rent or own it.
4. They tell you that they own it. They want to know if you own your home. Tell them.
5. They ask you if people in the United States prefer to live in the cities or suburbs. Give them your opinion.
6. They want to know if most Americans prefer to own their own home or to rent. Tell them what you think.
7. They ask you to describe a typical American home. Do your best.

EINBLICK INS LEBEN

Beispiel 1

Read the following announcement.

Neubauvorhaben **Wohnanger Germendorf:**

1. Bauabschnitt: 40 Reihen- und Doppelhäuser (Massivbauweise)

Zum Beispiel:
Typ A Doppelhaus
- Wohnfläche 95,54 m²
- Gründstück 267,00 m²
- zuzüglich ausbaufähiges Dachgeschoß 24,27 m²
- Kaufpreis: DM 391.007,00

Zum Beispiel:
Typ C Reihenhaus
- Wohnfläche 91,39 m²
- Gründstück 229,00 m²
- zuzüglich ausbaufähiges Dachgeschoß 24,27 m²
- Kaufpreis: DM 378.840,00

Wohnen im Grünen, stadtnah zu Oranienburg und Berlin. Ca. 40 Autominuten von der Berliner City entfernt.

Heutberatung 11.00 – 15.00 Uhr
Preußenallee 3-5 1.0G
W-1000 Berlin 19
BHW Immobilien GmbH
Wallstr. 9-13, 1020 Berlin

Give the following information in German based on the advertisement you just read.

1. what kind of houses are available
2. where the houses are located
3. how many houses are being built
4. the size of the houses
5. the name of the company making the offer
6. the price of the houses

Kapitel 26

Der Unterricht

Wortschatz

der Kindergarten	die Fachschule (Fachoberschule)
die Grundschule	das Gymnasium
die Hauptschule	die Fachhochschule
die Realschule	die Universität

The structure of the German school system is quite different from that in the United States. Read the following definitions taken from a German language dictionary:

Kindergarten   Spielschule für noch nicht schulpflichtige Kinder

Grundschule   Pflichtschule vom 1. bis zum 4. Schuljahr

Hauptschule   nach der Grundschule weiterführende Pflichtschule (sofern nicht ein Gymnasium oder eine ähnliche weiterführende Schule besucht wird) vom 4. bis zum 9. Schuljahr

Realschule   auf dem 4. Volksschuljahr aufbauende Schule vom 5. bis zum 10. Schuljahr, Synonym: Mittelschule

Fachschule   Schule zur Ausbildung in bestimmten Berufen

Fachoberschule   auf bestimmte Fachgebiete ausgerichtete Schule mit 11. und 12. Klassen, die zur Fachhochschulreife führen

Gymnasium   höhere Schule vom 5. bis zum 13. Schuljahr mit Abitur als Abschluß

Fachhochschule   der Universität vergleichbar, meist staatliche Hochschule mit spezialisiertem Studienangebot, z.B. die Technische Hochschule, Kunsthochschule, Musikhochschule, u.s.w.

Universität   Lehr- und Forschungsstätte für alle Wissensgebiete, eine Hochschule

Übung 1   Give the German equivalent for each of the following.

1. nursery school
2. early elementary school
3. middle school
4. technical college
5. university

Read the following:

Ein Student *immatrikuliert* an der Universität (Uni).	*enrolls, matriculates*
Er *schreibt sich* an der Uni *ein*.	*registers*
Er *meldet sich an*.	*registers*
Pflichtfächer sind die Fächer,	*required subjects*
die ein Student *belegen* muß;	*enroll in*
Wahlfächer sind die Fächer,	*elective subjects*
die ein Student nicht belegen muß,	
sondern *wählen* kann.	*select, choose*
Die Studentin studiert *Informatik*.	*computer science*
Sie will *Examen machen*.	*graduate*

die Fakultät   Fachgruppe der Hochschule, z.B. die juristische Fakultät, medizinische Fakultät, philosophische Fakultät, theologische Fakultät, die naturwissenschaftliche Fakultät, u.s.w.

der Lehrkörper   alle Lehrer, die an einer Schule oder Hochschule unterrichten

das Abitur (Abi)   die Schulabschlußprüfung an einem Gymnasium; das Diplom, das ein Gymnasiast beim Schulabschluß bekommt

das Staatsexamen   eine Abschlußprüfung an der Universität, ein Examen vor einer staatlichen Prüfungskommission

der Magister   der unterste akademische Grad

der Doktorgrad   ein akademischer Grad, den man verliehen bekommt, nachdem man eine mündliche Prüfung abgelegt und eine Doktorarbeit *(dissertation)* geschrieben hat

Übung 2   Answer personally.

1. Sind Sie Student(in)?
2. Welche Universität besuchen Sie?
3. Sind Sie ordentlicher Student oder sind Sie Gasthörer *(auditor)*?
4. Wieviele Kurse haben Sie dieses Semester belegt?
5. Wieviele Pflichtvorlesungen?
6. Haben Sie auch einige Wahlvorlesungen belegt?
7. Was ist Ihr Hauptfach *(major)*?
8. Was ist Ihr Nebenfach *(minor)*?
9. Machen Sie dieses Jahr Examen?
10. In welchem Fach machen Sie Examen?
11. Wollen Sie auch den Doktorgrad machen?

Übung 3   Give the following information.

1. Ihren Namen
2. Ihre Universität
3. Ihr Studienfach *(field of study)*

Übung 4 Give the German equivalent for the following terms. Be careful.

1. School of Medicine
2. middle school
3. faculty
4. university
5. master's degree
6. doctoral dissertation

die Mensa

das Schließfach

das Studentenheim

STUNDENPLAN
KUNSTGESCHICHTE 10:15
GESCHICHTE 11:15
LATEIN 1:15

der Stundenplan

Read the following:

> **das Studentenheim**   ein Heim in dem auswärtige Studenten wohnen und oft auch
> verpflegt *(board, get their meals)* werden
>
> **die Studentenbude**   ein privates Zimmer, wo Studenten zur Untermiete *(as lodgers,*
> *roomers)* wohnen
>
> **die Studiengebühr**   das Geld, das man jedes Semester für das Studium bezahlt
>
> NOTE Obwohl *(although)* es in Deutschland keine Studiengebühr mehr gibt, müssen
> Studenten jedes Semester eine Anmeldegebühr *(registration fee)* von ungefähr 40 DM
> bezahlen.

die Anmeldegebühr   das Geld, das man bezahlt, wenn man sich zu Semesterbeginn
bei der Universität anmeldet (auch Einschreibegebühr genannt)
(Wenn man sich wieder bei der selben Uni anmeldet, heißt diese Gebühr eine
"Rückmeldegebühr".)

Bafög   Abkürzung *(abbreviation)* für **B**undes**a**usbildungs**fö**rderungs**g**esetz *(Federal Law
for the Promotion of Education and Training)*; das Geld, das man unter diesem Gesetz als
Studienbeihilfe bekommt

das Stipendium   finanzielle Hilfe für Studierende

Die Noten in Deutschland sind:

1   sehr gut *(very good)*
2   gut *(good)*
3   befriedigend *(satisfactory)*
4   ausreichend *(passing)*
5   mangelhaft *(unsatisfactory)*
6   ungenügend *(failing)*

NOTE   Both 5 and 6 are failing grades.

Die Noten in Österreich sind:

1   sehr gut
2   gut
3   befriedigend
4   genügend
5   ungenügend

Der Student besteht das Examen. Er bekommt die Note eins.
Er fällt beim Examen durch. Er bekommt eine fünf.

Übung 5   Answer personally.

 1. Studieren Sie in Ihrer Heimatstadt *(hometown)*?
 2. Wohnen Sie in einem Studentenheim?
 3. Essen Sie in der Mensa?
 4. Haben Sie ein Schließfach, wo Sie die Bücher, die Sie nicht gerade brauchen, lassen
   können?
 5. Haben Sie einen Stundenplan?
 6. Wieviele Kurse haben Sie dieses Semester belegt?
 7. Haben Sie viele Prüfungen?
 8. Bestehen Sie Ihre Prüfungen?
 9. Fallen Sie gelegentlich *(occasionally)* bei einer Prüfung durch?
10. Wie hoch sind Ihre Studiengebühren?
11. Haben Sie ein Stipendium?
12. Welche Noten haben Sie letztes Semester bekommen?

Übung 6   Complete the statements.

1. Kai-Uwe wohnt in einem Studentenheim. Er ist _____.
2. Alexandra wohnt lieber privat. Sie hat eine _____.
3. Hannes hat nicht viel Geld. Glücklicherweise bekommt er _____ vom Staat.
4. Bafög ist eine Abkürzung für _____.
5. Loisl bekommt immer gute Noten. Sie wird bestimmt die nächste _____ bestehen.
6. Benno will Kunst studieren. Er geht nächstes Jahr an die _____.
7. Die beste Note ist _____ und die schlechteste Note ist _____.

Übung 7   Complete the following conversation personally.

— Welche Uni besuchst du?
— Ich bin auf der _____.
— Wie groß ist die Uni?
— Sie hat ungefähr _____ Studenten.
— Was sind die Pflichtvorlesungen in deinem Hauptfach?
— _____.
— Und was hast du als Nebenfach?
— _____.
— Wann machst du Examen?
— _____.
— Was willst du nach dem Examen machen?
— _____.

Übung 8   In your own words, explain in German what each of the following is.

1. das Abi
2. die Uni
3. Bafög
4. die Mensa
5. ein Stipendium
6. eine Fakultät
7. das Hauptfach
8. das Nebenfach
9. das Pflichtfach
10. das Wahlfach

AUS DEM ALLTAG

Beispiel 1

You are speaking with Hans-Joachim Bosse in Halle an der Saale.
1. He asks you if you are a student. Tell him.
2. He wants to know if you live in a dorm or at home. Tell him.

3. He wants to know your major. Tell him.
4. He wants to know if you have many required courses. Tell him.
5. He wants to know when you plan to graduate. Tell him.
6. He wants to know if the school you go to is large or small. Tell him.
7. He wants to know if you have to pay tuition. Tell him.
8. He wants to know if you have to take a national examination to get your diploma. Tell him.

Beispiel 2

You are living with a German family and they are interested in knowing something about the American educational system. To the best of your ability, give them the salient information about our school system.

Kapitel 27

Die Arbeit

Wortschatz

Read the following:

Ursula hat *Betriebswirtschaft* studiert.	*business administration*
Sie ist jetzt Diplom-Betriebswirt. Sie sucht Arbeit (eine *Stellung).*	*position*
Die Firma Dohm und Lubke sucht Kandidaten(innen).	
Sie sucht einen Kandidat mit *Grundkenntnissen* in den	*basic knowledge*
Bereichen Organisation und *Rechnungswesen.*	*accounting*
Ursula füllt eine *Bewerbung* aus.	*application*
Sie schickt ihre *Unterlagen* an die *Personalabteilung.*	*documents, materials/ personnel department*

der *Lebenslauf*	*curriculum vitae*
die Referenzen	
das *Vorstellungsgespräch*	*job interview*
Der Bewerber/die Bewerberin kann die Stelle sofort antreten.	*The applicant can start the job immediately.*

Übung 1   Answer the following questions.

1. Was hat Ursula studiert?
2. Was hat sie eben bekommen?
3. Was sucht sie?
4. Welche Firma sucht Kandidaten?
5. Welche Kenntnisse soll der Kandidat beziehungsweise Kandidatin haben?
6. Was füllt Ursula aus?
7. Wohin schickt sie ihre Bewerbung?
8. Was muß sie mit der Bewerbung schicken?

Vergütung

Read the following:

das Grundgehalt   Arbeitslohn ohne Zulage
die Zulage   eine Mehrzahlung auf das Grundgehalt

NOTE In German the word *salary* changes according to the profession of the individual who is being paid.

Beruf	Vergütung
Arbeiter, Handwerker	der Lohn
Beamte, Angestellten	das Gehalt
Ärzte, Anwälte	das Honorar
Künstler	die Gage
Soldaten	der Sold

Übung 2   Complete the following statements.

1. Er verkauft Autos. Er bekommt ein _____ von DM 18.000 im Monat und eine _____ für jedes Auto, das er verkauft.
2. Beamte im öffentlichen Dienst bekommen ein monatliches _____.
3. Büroangestellten beziehen auch ein _____.
4. Die Gebühren, die ein Arzt bekommt, heißen _____.
5. Wie der Arzt bekommt der Rechtsanwalt ein _____.
6. Schauspieler, Tänzer und Opernsänger bekommen für ihre Vorführungen eine _____.
7. Soldaten heißen Soldaten, weil sie einen _____ bekommen.

Read the following:

die Überstunden   Viele Arbeiter in Deutschland haben eine 35-Stunden Woche. Wenn sie länger arbeiten, dann machen sie Überstunden.
die Zeitarbeit   Arbeit, die nur für eine kurze Zeit ist, heißt Zeitarbeit.
die Teilzeitbeschäftigung   Eine Beschäftigung oder Arbeit, die auf einige Tage der Woche oder einige Stunden des Tages begrenzt ist, heißt eine Teilzeitbeschäftigung.
die Vollzeitbeschäftigung   Eine hauptberufliche Tätigkeit, der man jeden Tag nachgeht, heißt eine Vollzeitbeschäftigung.

Übung 3   Say the following in German.

1. part-time job
2. full-time job
3. bonus
4. overtime
5. basic salary
6. temporary job

AUS DEM ALLTAG

Beispiel 1

You are interviewing for a position with a German company in the United States. They would like to interview you in German.

1. Tell the interviewer your name, your address, your date of birth, your academic background, and your major field in college.
2. Tell the interviewer that you have your curriculum vitae and a list of references.
3. The interviewer wants to know why the job they have interests you. Explain.
4. The interviewer wants to know if you are available immediately. Respond.

EINBLICK INS LEBEN

Beispiel 1

Read the advertisement for a position.

Sony

Wir gehören zu den weltweit erfolgreichsten Musikunternehmen und vermarkten aktuelle Tonträger wie CDs, LPs, MCs, Videos, usw.

Wenn Sie sich mit Schwung und Überzeugungskraft dafür einsetzen können, daß unsere Neuerscheinungen im Radio vorgestellt und gespielt werden, sind Sie unser/e
RUNDFUNK–
PROMOTER/IN
in Berlin

Sie pflegen Kontakte zu den Rundfunkredakteuren und akquirieren optimale Sendezeiten und Interviews. Sie organisieren Sendereisen für unsere Künstler und begleiten Sie dabei.

Umfangreiche Kenntnisse der nationalen Musikszene sowie Kenntnisse über die Struktur der Sender sind Wesentliche Voraussetzungen. Außerdem sollten Sie neben guten Englischkenntnissen Eigeninitiative und Kontaktstärke mitbringen.

Die Vielseitigkeit der Aufgabe schildern wir Ihnen gern im Detail, wenn wir Sie kennenlernen. Bitte nehmen Sie mit Ihrer aussagefähigen Bewerbung mit Foto den ersten Kontakt auf.

Sony Music Entertainment (Germany) GmbH
Personalabteilung, Bleichstraße 64-66 a
Frankfurt/Main 1, Tel.: 069/13 05-354

Answer the questions based on the advertisement you just read.

1. Was macht diese Firma?
2. Welche Stellung will die Firma besetzen?
3. In welcher Stadt wird der Kandidat/die Kandidatin arbeiten?

Beispiel 2

Give the German equivalent for each of the following based on the advertisement you just read.

1. knowledge of English
2. optimal broadcast times
3. new releases
4. artists
5. personnel department
6. national music scene
7. world-wide
8. versatility

Kapitel 28

Das Wetter

Wortschatz

Read the following:

Das Wetter ist regnerisch.
Es regnet.
Es regnet sehr stark.
Es nieselt.

Es ist windig.
Es gibt schwachen (mäßigen, starken) Wind.

Es ist wolkig.
Es ist bewölkt.
Der Himmel ist bedeckt.

Es ist sonnig.
Die Sonne scheint.
Der Himmel ist klar.
Das Wetter ist heiter.

Übung 1   Answer the following questions.

1. Kommt kalter Wind eher aus dem Norden oder aus dem Süden?
2. Was ist gefährlicher? Schwacher Wind oder starker Wind?
3. Ist der Himmel bei Regen klar oder bedeckt?
4. Ist der Himmel klar oder bewölkt, wenn das Wetter regnerisch ist?
5. Gibt es starken oder feinen Regen bei Wirbelstürmen?

Übung 2   Say the following another way.

1. Die Sonne scheint.
2. Der Himmel ist klar.
3. Es regnet.
4. Es ist wolkig.

Read the following:

der Platzregen   ein plötzlicher, starker Regen
das Gewitter   ein Sturm mit Blitz und Donner
es gießt in Strömen   ein sehr starker Regen
der Nebel   sehr feine Wassertröpfchen in der Luft, die eine wolkenartige Trübung
   verursachen
der Sprühregen   ein sehr feiner Regen
der Hagel   Niederschlag in Form von etwa erbsengroßen Eisstücken
es friert   die Temperatur fällt unter null Grad
die Wettervorhersage   die Wetterprognose

Übung 3   Give the German equivalent for each of the following.

1. a storm   5. hail
2. thunder   6. fog
3. very fine rain   7. drizzle
4. lightning   8. weather forecast

Übung 4   Answer the following questions.

1. Schauen Sie die Wettervorhersage im Fernsehen an?
2. Um wieviel Uhr wird die Wettervorhersage gesendet?
3. Was ist die Temperatur heute?
4. Was sagt die Meteorologin über das Wetter für morgen?

Übung 5   Complete the following statements.

1. An der Küste gibt es oft _____.
2. Ein plötzlicher, starker Regen heißt _____.
3. Ein heftiger Regensturm mit Blitz und Donner heißt ein _____.
4. Es ist sehr kalt heute. Die Temperatur ist minus zehn Grad. Es _____.
5. Es regnet sehr viel. Es regnet in _____.
6. _____ kann gefährlich sein, weil er Feuer verursachen kann.
7. Im Sommer gibt es keinen _____, im Winter aber _____ es viel.

AUS DEM ALLTAG

Beispiel 1

You are speaking with a German friend about the weather where you live.
1. Explain your winters.
2. Explain your summers.
3. Explain the spring and the fall.
4. Tell her what your favorite season is from the viewpoint of the weather. Explain why you like this season the most.

Beispiel 2

Read the following brief weather report and explain it to an American friend who does not understand German.

Am Sonntag sonnig und trocken mit Höchsttemperaturen um 26 Grad.
Schwacher bis mäßiger Wind aus Südwest. Gegen Abend Regen.
Morgen Frühnebel.

Appendix

Following is a listing, arranged alphabetically by topic, for all vocabulary presented in the book. This list also includes the vocabulary presented in the first book in this series.

Das Telefonieren (Kapitel 1)

(to) *answer*   antworten
answering machine   der Anrufbeantworter
area code   die Vorwählnummer/Vorwahl
button   der Knopf
charge   die Gebühr
(to) *call back*   zurückrufen
(to) *call on the telephone*   telefonieren
coin return button   der Geldrückgabeknopf
collect call   das R-Gespräch (R = Rückfrage)
cordless telephone   das schnurlose Telefon
country code   die Landeskennzahl
credit card call   der Kreditkartenanruf
(to) *deduct (subtract)*   abziehen
(to) *deposit (the coin)*   (die Münze) einwerfen
dial (on a telephone)   die Wählscheibe
(to) *dial (the telephone number)*   (die Telefonnummer) wählen
dial tone   das Amtszeichen/Freizeichen
(to) *direct dial*   durchwählen
finished   fertig
goodbye (over telephone)   auf Wiederhören
(to) *hang up*   auflegen
international call   das Auslandsgespräch
just a moment   Augenblick
(to) *leave a message*   eine Nachricht hinterlassen
local call   das Ortsgespräch
long-distance call   das Ferngespräch
(to) *make a telephone call*   telefonieren/jemanden anrufen
money   das Geld
operator   die Vermittlung
(to) *order*   bestellen
pay phone /public telephone   der öffentliche Fernsprecher/Münzfernsprecher
person-to-person call   das Personengespräch
(to) *pick up the receiver*   den Hörer abnehmen
(to) *press the button*   den Knopf drücken
receiver   der Hörer
(to) *reach someone*   jemanden erreichen

       residential telephone   der Privatanschluß
(to) *ring*   klingeln
       slot (for coins)   der Münzeinwurf
       slot (for credit/calling card)   der Schlitz
       so long (informal)   Tschüß
       speaker phone   das Lautsprechertelefon
(to) *stay on the line*   am Apparat bleiben
       telegram   das Telegramm
       telephone (apparatus)   das Telefon/der Fernsprecher
       telephone book (directory)   das Telefonbuch
       telephone booth   die Telefonzelle
       telephone call   der Telefonanruf/das Telefongespräch
       telephone calling card   die Telefonkarte
       telephone number   die Telefonnummer
(to) *telephone someone*   mit jemandem telefonieren/jemanden anrufen
       touch-tone telephone   das Tastentelefon/Telefon mit Tastatur
       town   der Ort
       type of telephone) call   die Anrufmöglichkeit
       until later (informal)   bis später/bis dann
(to) *wait for the dial tone*   auf das Amtszeichen warten

Auf der Post (Kapitel 2)

       address   die Anschrift/Adresse
       addressee (recipient)   der Empfänger
       aerogram   das Aerogramm
       airmail (by)   (per) Luftpost
       around the clock   rund um die Uhr
(to) *arrive*   ankommen
(to) *attend to correspondence*   den Briefverkehr erledigen
       block letters   die Blockschrift/Druckschrift
       business hours   die Öffnungszeiten
       city   die Stadt
       confirmation of receipt   die Empfangsbestätigung
       contents   der Inhalt
       counter   der Schalter
       country   das Land
       customer   der Kunde, die Kundin
(to) *deliver*   austragen/zustellen
(to) *describe*   beschreiben
       domestic letter   der Inlandsbrief
       envelope   der Briefumschlag/Umschlag
(to) *fill out*   ausfüllen
       fragile   zerbrechlich
       form (printed)   das Formular

heavy schwer
(to) insure versichern
letter der Brief
letter carrier der Briefträger/Postbote
mail die Post
(to) mail (a letter) abschicken/einstecken/einwerfen
mailbox der Briefkasten
main post office das Hauptpostamt/die Hauptpost
name der Name
open geöffnet
package/parcel das Paket/Packchen
(to) pick up abholen
post office das Postamt/die Post
post office box das Postfach
post office counter/window der Postschalter
postage das Porto
postal clerk der Postbeamte, die Postbeamtin
postal code die Postleitzahl
postal money order die Postanweisung
postcard die Postkarte
(to) print in block letters in Blockschrift/Druckschrift schreiben
receipt die Quittung
(to) receive bekommen
(by) registered mail (per) Einschreiben
remittance die Geldsendung
scale die Waage
(to) send schicken/befördern
sender der Absender
special delivery letter der Eilbrief
special delivery letter carrier der Eilbote
stamp die Briefmarke
stamp vending machine der Briefmarkenautomat
surcharge der Zuschlag
twenty-four hours a day rund um die Uhr
valuable wertvoll
window (post office, bank) der Schalter
zip code die Postleitzahl

Auf der Bank (Kapitel 3)

account das Konto
balance der Saldo
bank die Bank
bank statement der Kontoauszug

bankbook /passbook   das Sparbuch/Sparkassenbuch
big bills   große Scheine
bill (bank note)   die Banknote/der Geldschein
bill (invoice)   die Rechnung
cash   das Bargeld
(to)   *cash*   einlösen
cashier's window (counter)   die Kasse
change (coins and small bills)   das Kleingeld
(to)   *change dollars into marks*   Dollar in Mark umwechseln/wechseln
(to)   *change money*   Geld wechseln
check   der Scheck/Bankscheck
checkbook   das Scheckbuch
checking account   das Scheckkonto
coin   die Münze
credit card   die Kreditkarte
currency exchange bureau   die Wechselstube
customer   der Kunde, die Kundin
(to)   *deposit (in)*   einzahlen/deponieren (auf)
employee   der Angestellte, die Angestellte
(to)   *endorse*   (einen Scheck) unterschreiben
exchange rate   der Wechselkurs
monthly   monatlich/jeden Monat
(to)   *open*   eröffnen
passport   der Paß/der Reisepaß
(to)   *pay*   bezahlen
(to)   *pay cash*   bar bezahlen
postal check   der Postscheck
quarterly   vierteljährlich/alle drei Monate
(to)   *save*   sparen
savings account   das Sparkonto
savings bank   die Sparkasse
(to)   *sign*   unterschreiben/unterzeichnen
(to)   *transfer (to/from)*   überweisen (auf/von)
traveler's check   der Reisescheck
weekly   wöchentlich/jede Woche
(to)   *withdraw (from)*   abheben (von)

Vom Flughafen ins Flugzeug (Kapitel 4)

abroad   (ins) Ausland
agent (ticket)   der Ticketagent
air pressure   der Luftdruck
airline   die Fluglinie
airline clerk (employee)   der/die Fluglinieangestellte

airplane   das Flugzeug
airplane ticket   die Flugkarte
airplane ticket counter   der Flugkartenschalter
airport   der Flughafen
aisle (on the aisle)   der Gang (am Gang)
(to)   *allow /permit*   erlauben
announcement (radio or loudspeaker)   die Durchsage
arrow   der Pfeil
baggage /luggage   das Gepäck/Reisegepäck
baggage carousel   das Gepäckband
baggage claim   die Gepäckabholung
baggage claim check   der Kontrollabschnitt
baggage identification tag   der Gepäckanhänger/das Anhängeschild
blanket   die Decke
(to)   *board*   einsteigen/an Bord gehen
boarding pass   die Bordkarte
briefcase   die Aktentasche
cabin crew   das Kabinenpersonal
(to)   *check (in) baggage*   Gepäck aufgeben
(to)   *claim baggage*   Gepäck abholen
class   die Klasse
counter   der Flugkartenschalter
country   das Land
customs   der Zoll
customs clearance   die Zollabfertigung
delay   die Verspätung
(to)   *depart*   abfliegen
departure   der Abflug
departure screen/monitor   die Abfluganzeigetafel
destination   das Flugziel/der Zielort
(to)   *disembark*   aussteigen
domestic   inländisch
domestic flight   der Inlandsflug
drink   das Getränk
drop in air pressure   der Luftdruckabfall
emergency exit   der Notausgang
flight   der Flug
flight attendant   der Flugbegleiter, die Flugbegleiterin
flight number   die Flugnummer
(to)   *fly*   fliegen
(to)   *fly to*   anfliegen
(to)   *follow the arrow*   dem Pfeil folgen
foreign   ausländisch
foreign countries   das Ausland

gate   der Flugsteig
headset   der Kopfhörer
home country   das Inland
inside   innerhalb
international flight   der Auslandsflug/internationaler Flug
(to)   *land*   landen
landing   die Landung
lavatory   die Toilette
life jacket   die Schwimmweste
luggage /baggage   das Gepäck/Reisegepäck
meal   die Mahlzeit
no smoking section   das Nichtraucherabteil/die Nichtraucherzone
nothing to declare   nichts zu verzollen
outside (of)   außerhalb
oxygen mask   die Sauerstoffmaske
passenger (airline)   der Fluggast/der Passagier
passenger (motor vehicle)   der Fahrgast
passport   der Reisepaß/Paß
passport inspection   die Passkontrolle
permitted/allowed   erlaubt
(to)   *pick up*   abholen
pillow   das Kissen
pilot   der Pilot
plane   das Flugzeug
plane ticket   die Flugkarte
point of origin   der Abflugsort
porter   der Gepäckträger
prohibited   verboten
(to)   *put on*   anlegen/anziehen
ready   bereit
row   die Reihe
safety belt   der Sicherheitsgurt
seat   der Platz/Sitz/Sitzplatz
security   die Sicherheitskontrolle
smoking   das Rauchen
smoking section   das Raucherabteil/die Raucherzone
something to declare   etwas zu verzollen
suitcase   der Koffer/Reisekoffer
takeoff   der Abflug/Start
taxi(cab)   das Taxi
taxi driver   der Taxifahrer, die Taxifahrerin
terminal   die Halle
ticket agent   der Ticketagent
ticket counter   der Flugkartenschalter

traveler   der/die Reisende
visa   das Visum
weight   das Gewicht
window (by the window)   das Fenster (am Fenster)

Die Bahn (Kapitel 5)

adjustable   verstellbar
All aboard!   Alles einsteigen!
arrival   die Ankunft
arrivals board   die Ankunftsanzeige
baggage check (area)   die Gepäckaufbewahrung
baggage (claim) check   der Gepäckschein
baggage locker   das Gepäckschließfach
(to)   *be late*   Verspätung haben
bed   das Bett
behind schedule   mit Verspätung
berth   die Liege
(to)   *board*   einsteigen
center aisle   der Mittelgang
(to)   *change trains*   umsteigen
(to)   *check (deposit) luggage/baggage*   Gepäck abgeben
(to)   *check (inspect)*   kontrollieren
clock   die Uhr
compartment   das Abteil
conductor   der Schaffner
(to)   *connect*   verbinden/anschließen
corridor (side)   der Seitengang
departure   die Abfahrt
dining car   der Speisewagen
dining room   der Speiseraum
engineer   der Lokomotivführer
express train   der D-Zug
fast   schnell
first class   erste Klasse
fold-down bed /couchette   das Klappbett
fold-down tray   der Klapptisch
local train   der Personenzug
locker   das Schließfach
locomotive   die Lokomotive
lower berth   die untere Liege
luggage   das Gepäck
magazine   die Zeitschrift
main train station   der Hauptbahnhof

network das Netz
newspaper die Zeitung
newsstand der Kiosk
occupied besetzt
on time rechtzeitig
one-way ticket die einfache Fahrkarte
passenger der Fahrgast/der Reisende/die Reisende
platform der Bahnsteig
porter der Gepäcktrager
(to) *punch (ticket)* lochen/knipsen
railroad die Bahn
railroad car der Eisenbahnwagen/Wagen
railroad official der Bahnbeamte, die Bahnbeamtin
railroad station der Bahnhof/die Station
railroad station restaurant die Bahnhofsgaststätte
(to) *reserve* reservieren
reserved reserviert
reserved seat ticket die Platzkarte
round-trip ticket die Rückfahrkarte
schedule der Fahrplan
seat reservation die Platzreservierung
second class zweite Klasse
self-service restaurant das Selbstbedienungsrestaurant
sleeping car (compartments with fold-down beds or couchettes) der Liegewagen
sleeping/Pullman car (private compartments) der Schlafwagen
slow langsam
snack car der Imbißwagen
(to) *stop* anhalten
suitcase der Koffer
through car der Durchgangswagen/Eisenbahnwagen mit Mittelgang
ticket die Fahrkarte
ticket counter der Schalter/Fahrkartenschalter
timetable der Fahrplan
train der Zug
train kitchen die Zugküche
train station der Bahnhof
train trip die Bahnfahrt
travel agency das Reisebüro
traveler der Reisende, der Fahrgast
upper berth die obere Liege
vacant frei
(to) *wait (for something)* (auf etwas) warten
waiting room der Wartesaal

Beim Autoverleih (Kapitel 6)

    automatic drive   das Automatikgetriebe
    automobile (car)   das Auto/der Wagen
    brake   die Bremse
    brake pedal   das Bremspedal
(to) *break down (car)*   eine Panne haben
    button   der Knopf
(to) *buy*   kaufen
    by the day   pro Tag
    by the month   pro Monat
    by the week   pro Woche
    car   das Auto/der Wagen
    car dealer   die Autoverkaufsstelle
    car insurance policy   der Autoversicherungsschein
    car key   der Autoschlüssel
    car rental agency   der Autoverleih
    car rental agreement   der Automietvertrag
    casualty insurance   die Schadensversicherung
(to) *check /inspect*   kontrollieren
    city map   der Stadtplan
    clutch   die Kupplung
    clutch pedal   das Kupplungspedal
    compact car   der Kompaktwagen
    condition of the car   der Zustand des Autos
    credit card   die Kreditkarte
    damage   der Schaden
    dashboard   das Armaturenbrett
    direction   die Richtung
    directional signal   das Blinklicht
(to) *disengage the clutch*   auskuppeln
    door   die Tür
    downtown   die Stadtmitte
(to) *drive*   fahren
(to) *drive away/off*   wegfahren/losfahren
    driver's license   der Führerschein
    empty   leer
(to) *engage the clutch*   einkuppeln/die Kupplung einschalten
    flat tire   die Reifenpanne/der Platten
    fog light   der Nebelscheinwerfer
    forward gear   der Vorwärtsgang
    full   voll
    gas   das Benzin
    gas station   die Tankstelle

gear   der Gang
gear shift lever   der Schalthebel
(to) *get in*   einsteigen
(to) *get lost*   sich verirren
glove compartment   das Handschuhfach
(to) *guarantee*   garantieren
hand brake   die Handbremse
headlight   der Scheinwerfer
heater   die Heizung
high beam   das Fernlicht
horn   die Hupe
included   inbegriffen
insurance   die Versicherung
insurance policy   der Versicherungsschein
jack   der Wagenheber
jack handle   die Wagenheberkurbel
key   der Schlüssel
lever   der Hebel
light   das Licht
low beam   das Abblendlicht
lug wrench   der Kreuzschlüssel
manual drive   die Gangschaltung
map   die Landkarte/Karte
mileage   die Kilometerzahl
neutral (gear)   der Leerlauf
(to) *operate*   betätigen
parking light   das Standlicht
parking lot   der Parkplatz
parking space   der Parkplatz
(to) *pay*   bezahlen
pedal   das Pedal
(to) *press down (on)*   drücken (auf)
price   der Preis
(to) *put into (first) gear*   den (ersten) Gang einlegen/einschalten
(to) *rent*   mieten
rental car   der Leihwagen/Mietwagen
(to) *require (demand)*   verlangen
(to) *require (need)*   brauchen
required /obligatory   erforderlich
(to) *return*   zurückbringen/zurückgeben
reverse (gear)   der Rückwärtsgang
road map   die Straßenkarte
seat adjustment (lever)   die Sitzverstellung
security   die Sicherheit

(to) *shift (gears)*   schalten
(to) *sign*   unterschreiben
    spare tire   der Ersatzreifen
    special (weekend) price   der (Wochenend) sonderpreis
    standard-sized model   der Standardmodell
    steering wheel   das Lenkrad
(to) *step (on)*   treten (auf)
    switch   der Schalter
    tank   der Tank
    tire   der Reifen
    trunk   der Kofferraum
    two-door car   ein zweitüriges Auto
    unlimited   unbeschränkt
    valid   gültig
    weekend rental   der Wochenendverleih
    windshield wiper   der Scheibenwischer
(to) *work (function)*   funktionieren

An der Tankstelle (Kapitel 7)

    air   die Luft
    air pump   die Luftpumpe
    antifreeze   das Gefrierschutzmittel
    battery   die Batterie
    car   der Wagen, das Auto
(to) *change the oil/tire*   das Öl/den Reifen wechseln
(to) *check the air*   den Reifendruck prüfen
(to) *check the battery*   die Batterie prüfen
(to) *check the oil (level)*   den Ölstand prüfen
(to) *check the water*   das Kühlwasser prüfen
(to) *check (examine)*   prüfen
    customer   der Kunde, die Kundin
    driver   der Fahrer, die Fahrerin
(to) *fill the tank / fill up*   den Tank füllen/volltanken
    gas   das Benzin/der Sprit *(informal)*
    gas pump   die Pumpe/die Benzinpumpe
    gas pump island   die Zapfsäuleninsel/die Tanksäuleninsel
    gas station   die Tankstelle
    gas station attendant   der Tankwart
    gas tank   der Benzintank
(to) *get (__ liters of) gas*   (__ Liter) tanken
    hood   die Haube/Motorhaube
    hood release (button)   der Haubenknopf
(to) *inflate the tire*   den Reifen aufpumpen

key   der Schlüssel
level   der Stand
low   niedrig
(to)   *lubricate the car*   das Auto schmieren
mechanic   der Mechaniker
motor   der Motor
motor oil   das Motoröl
(to)   *need*   brauchen
oil   das Öl
oil level   der Ölstand
(to)   *press*   drücken
pressure   der Druck
radiator   der Kühlwasser
radiator water   das Kühlwasser
rear window   die Heckscheibe
(to)   *refill*   nachfüllen
regular   normal
rental car   der Leihwagen/Mietwagen
shop (workshop)   die Werkstatt
spare tire   der Ersatzreifen/Reservereifen
super   super
tank   der Tank
tire   der Reifen
tire pressure   der Reifendruck
trunk   der Kofferraum
unleaded   bleifrei
(to)   *wash*   waschen
water   das Wasser
water level   der Wasserstand
windshield   der Windschutzscheibe

Das Fahren (Kapitel 8)

broken line   die gestrichelte Linie
bus   der Autobus/Bus
careful(ly)   vorsichtig
center line   der Mittelstrich
(to)   *change lanes*   die Fahrbahn wechseln
choice   die Auswahl
city   die Stadt
coin (deposit) slot   der Münzeinwurf
corner   die Ecke
(to)   *cross (the street)*   überqueren
difference   der Unterschied

directional signal   das Blinklicht

drive back   zurückfahren

driving   das Fahren

driving lessons (course)   der Fahrkursus

driving school   die Fahrschule

expressway (superhighway)   die Autobahn

fast   flott/schnell

fine (penalty)   die Geldstrafe

(four-)lane road   die(vier)spurige Straße

gas pedal   das Gaspedal

green   grün

lane   die Fahrbahn

license plate   das Nummernschild

median   der Mittelstreifen

meter maid   die Politesse

multilane road   die mehrspurige Straße

no-parking   das Parkverbot

(to) observe (respect)   achten auf

(to) park   parken

parking   das Parken

parking disk   die Parkscheibe

parking meter   die Parkuhr

parking regulations   die Parkordnung

parking tag (voucher)   der Parkschein

parking tag vending machine   der Parkscheinautomat

parking time (duration)   die Parkdauer

(to) pass (overtake)   überholen

passing   das Überholen

pedestrian   der Fußgänger

pedestrian croswalk   der Fußgängerüberweg

police patrolman   der Streifenpolizist

private car   der Privatwagen

rearview mirror   der Rückspiegel

red   rot

regulated parking (i.e., blue zone)   die blaue Zone

seat belt   der Sicherheitsgurt

short-term parking zone   die Kurzparkzone

sidewalk   der Bürgersteig/Gehsteig

slower   langsamer

solid line   die durchgehende Linie

speed limit   die Geschwindigkeitsbegrenzung

(to) stand still   stehen bleiben

(to) stop   halten

street   die Straße

(to)   *take driving lessons*   einen Fahrkursus machen
         ticket (traffic, parking)   der Strafzettel
         traffic light   die Ampel/Verkehrsampel
         truck   der Lastwagen
         two-lane road   die zweispurige Straße
         vehicle   das Fahrzeug
         village   das Dorf
(to)   *walk*   zu Fuß laufen
         Watch out!   Passen Sie (mal) auf!
         windshield   die Windschutzscheibe
         yellow   gelb
         zebra crossing   der Zebrastreifen

Unterwegs mit dem Auto (Kapitel 9)

         approximately   etwa/ungefähr
         close by (to)   in der Nähe (von)
         direction   die Richtung
(to)   *drive past*   vorbeifahren
         east (of)   östlich (von)
         entrance   die Einfahrt
         exit   die Ausfahrt
(to)   *follow*   folgen
(to)   *get over to the left/right*   sich links/rechts einreihen
(to)   *intersect*   kreuzen
         intersection   die Straßenkreuzung
(to)   *leave*   verlassen
         main street   die Hauptstraße
         north (of)   nördlich (von)
(to)   *observe (pay attention to)*   achten (auf)
         on/to the left   links
         on/to the right   rechts
         outskirts   der Stadtrand
(to)   *reach*   erreichen
         south   der Süden
         south (of)   südlich (von)
         street sign   das Straßenschild
         stretch (section)   die Strecke
         superhighway (expressway)   die Autobahn
         toll   die Straßengebühr
         toll road   die gebührenpflichtige Straße/Mautstraße
         tollbooth   die Mautstelle/Zahlstelle
         traffic circle   der Kreisverkehr/Kreisel
         traveling by car   unterwegs mit dem Auto
(to)   *turn off*   abbiegen

meal   die Mahlzeit
modified American plan (room + breakfast and one other meal)   die Halbpension
mountains   das Gebirge
ocean   das Meer
operator (switchboard)   die Telefonistin
outlet   die Steckdose
overnight (stay)   die Übernachtung
pillow   das Kopfkissen
price   der Preis
radiator   die Heizung
registration desk   die Rezeption
registration form   das Formular
(to)   *remit*   schicken/überweisen
(to)   *require*   verlangen
reservation   die Reservierung
(to)   *reserve*   reservieren
restaurant   das Restaurant
room   das Zimmer
room number   die Zimmernummer
room resevation   die Zimmerreservierung
room reservation service   der Zimmernachweis
room service   der Zimmerservice
room for two people   ein Zimmer für zwei Personen
room with double bed   ein Zimmer mit einem Doppelbett
room with one bed for one person (two people)   ein Zimmer mit einem Bett für eine Person
    zwei Personen)
room with two single beds   ein Zimmer mit zwei Einzelbetten
room with a view of the ocean/street   das Zimmer mit Blick aufs Meer/zur Straße
service   die Bedienung
shower   die Dusche
single room   das Einzelzimmer
sink   das Waschbecken
soap   die Seife
(to)   *spend (time)*   verbringen
(to)   *stay*   bleiben
stopped up   verstopft
suit   der Anzug
suitcase   der Koffer
summer season   die Sommersaison
swimming pool   das Schwimmbad
tax   das Steuer
telephone call   das Telefonat
the toilet doesn't flush   die Toilettenspülung funktioniert nicht
toilet /commode   die Toilette

  toilet paper das Toilettenpapier
  travel agency das Reisebüro
  trip die Reise
  twin beds zwei Einzelbetten
  vacant frei
(to) *vacate (the room)* (das Zimmer) räumen
  vacation der Urlaub
(to) *wake up* wecken
(to) *wash* waschen

Einkaufen (Kapitel 12)

  anything /something else sonst noch etwas
  bag (of potato chips) die Tüte (Kartoffelchips)
  bakery die Bäckerei
  bottle (of miner water) die Flasche (Mineralwasser)
  bouquet of flowers der Strauß Blumen/Blumenstrauß
  box (of powdered detergent) die Packung (Waschpulver)
  bread das Brot
  bunch (of carrots) das Bund (Karotten/Mohrrüben)
  butcher der Fleischer/Metzger/ Schlachter
  butcher shop die Fleischerei/Metzgerei/Schlachterei
  cake der Kuchen
  can (of tuna) die Dose (Thunfisch)
  canned eingemacht
  canned goods aisle die Reihe mit Konserven
  cash register/checkout die Kasse
  cheese der Käse
  cheese store das Käsegeschäft
  chicken das Huhn
  chocolate bar die Tafel Schokolade
  cold cuts der Aufschnitt
  container (of yogurt) der Becher (Joghurt)
  corner grocery der Eckladen
  crab der Taschenkrebs
  cream die Sahne
  dairy store das Milchgeschäft
  detergent das Spülmittel
  Do you want anything else? Haben Sie sonst/noch einen Wunsch?
  dozen (eggs) das Dutzend (Eier)
  duck die Ente
  enriched with vitamins angereichert mit Vitaminen
  fish der Fisch
  fish store das Fischgeschäft/die Fischhandlung

flower   die Blume
food section   die Lebensmittelabteilung
fresh   frisch
frozen/deep frozen   tiefgefroren/tiefgekühlt
fruit   das Obst
fruit vendor   der Obsthändler
(to)   *go shopping*   einkaufen/Einkäufe machen
gram   das Gramm
half   halb
ham   der Schinken
hard   hart
head of lettuce   der Kopf Salat/Salatkopf
high fiber   ballaststoffreich
How much is that?   Wievel kostet/macht das?
jar (of jam)   das Glas (Marmelade)
kilogram   das Kilo/Kilogramm
liquid detergent   das flüssige Spülmittel
loaf of bread   der Brotlaib/Laib Brot
(to)   *look /seem/appear*   aussehen
low calorie   kalorienarm
low fat   fettarm
market stall   die Marktbude
meat   das Fleisch
milk   die Milch
Mom and Pop store   der Tante-Emma-Laden
mussel   die Muschel
open-air market   der Wochenmarkt
package (of frozen spinach)   das Paket (Tiefkühlspinat)
packet   der Beutel
paper bag   die Papiertüte
paper napkin   die Papierserviette
paper towel   das Papierhandtuch
pastries   das Gebäck
pastry shop   die Konditorei
piece (of cheese)   das Stück (Käse)
plastic bag   die Plastiktüte
poultry   das Geflügel
pound   das Pfund
preservatives   Konservierungsstoffe/Konservierungsmittel
ripe   reif
roll (of toilet paper)   die Rolle (Toilettenpapier)
rye bread   das Roggenbrot
section   die Abteilung
shopping   das Einkaufen

shopping bag   die Einkaufstasche
shopping cart   der Einkaufswagen
slice (of ham)   die Scheibe (Schinken)
smoked ham   der Lachsschinken
soft (mushy)   weich
something /anything else   sonst noch etwas
soup   die Suppe
stalk (of celery)   die Stange (Krautsellerie)
storekeeper/proprietor   der Ladenbesitzer, die Ladenbesitzerin
string bag   das Einkaufsnetz
supermarket   der Supermarkt
tea bag   der Teebeutel
tender   zart
thick   dick
tough   zäh
tube (of mustard)   die Tube (Senf)
tuna fish   der Thunfisch
turkey   der Truthahn
vegetable   das Gemüse
vegetable store   der Gemüsehändler
What shall it be?   Was darf's sein?
wheat bread   das Weizenbrot

Im Restaurant (Kapitel 13)

appetizer   die Vorspeise
(to) *be a good buy*   preiswert sein
bill   die Rechnung
bread and butter dish   der kleine Teller
breakfast   das Frühstück
buffet   das Büfett
business hours   die Öffnungszeiten *(f. pl.)*
cash   das Bargeld
champagne glass   das Sektglas/die Sektschale
check   die Rechnung
cheese   der Käse
(to) *come right back*   gleich wiederkommen
complete   vollständig
continuous   durchgehend
credit card   die Kreditkarte
cup   die Tasse
(to) *cut*   schneiden
daily special /prix fixe   das Tagesmenü/Tagesgedeck
dessert   die Nachspeise/der Nachtisch
drink   das Getränk

(to) *drink*   trinken
(to) *eat*   essen
(to) *enjoy/eat*   genießen
environment /surroundings   die Umgebung
excellent   hervorragend
expensive   teuer
filet of beef   das Rinderfilet
fish   der Fisch
fish dishes   Fischgerichte
food   das Essen
fork   die Gabel
fowl   das Geflügel
game   das Wild
goose live pâté   die Gänseleberpastete
head chef   der Chefkoch
inn   der Gasthof
Is that all right with you?   Ist das Ihnen recht?
knife   das Messer
light   leicht
lunch   der Mittagstisch
main course   das Hauptgericht
meal of the day (at a fixed price)   das Tagesmenü/das Tagesgedeck
meat   das Fleisch
meat dishes   Fleischgerichte
menu   die Speisekarte
napkin   die Serviette
(to) *offer*   anbieten
order   die Bestellung
(to) *order*   bestellen
(to) *pay*   bezahlen
pepper   der Pfeffer
pub   die Kneipe
(to) *recommend*   empfehlen
reservation   die Reservierung
(to) *reserve*   reservieren
restaurant   das Restaurant/die Gaststätte
roast chicken   das Brathuhn
salad   der Salat
salt   der Salz
(to) *salt*   salzen
saucer   die Untertasse
sausage stand   die Wurstbude
(to) *serve*   servieren
service is included   die Bedienung ist inbegriffen

shellfish   Meeresfrüchte
side dish   die Beilage
silverware   das Besteck
snack   der Imbiß
soup   die Suppe
soup bowl   der Suppenteller
soup spoon   der Suppenlöffel
specialty of the house   die Spezialität des Hauses
(to)   *suggest*   vorschlagen
table   der Tisch
table for four   ein Tisch für vier Personen
tablecloth   das Tischtuch
(to)   *taste*   schmecken
tasty   schmackhaft
teaspoon   der Teelöffel
tip   das Trinkgeld
traveler's check   der Reisescheck
(to)   *try*   probieren
veal roast   der Kalbsbraten
vegetable   das Gemüse
waiter   der Kellner/Ober *(addressed as "Herr Ober")*
wineglass   das Weinglas
wine list   die Weinkarte
(to)   *wipe*   abwischen

Die Küche (Kapitel 14)

(to)   *bake*   backen
blender   der Mixer
boiling   siedend
(to)   *broil*   rösten
(to)   *cook/boil*   kochen
cookie sheet   das Kuchenblech
cooking   das Kochen
(to)   *cool*   abkühlen
cooking surface   die Kochfläche
corn on the cob   der Maiskolben
crisp   knusprig
dining room   das Eßzimmer
done (cooked)   gar
double boiler   das Wasserbad
electric stove   der Elektroherd
fat   das Fett
food processor   die Küchenmaschine

freezer   das Gefrierfach
(to) fry   braten
frying pan   die Bratpfanne
gas stove   das Gasherd
grill   der Rost
(to) grill   grillen
handle   der Stiel
heated   erhitzt
ice cube tray   die Eiswürfelschale
kitchen   die Küche
loaf pan   die Kastenform
melted   geschmolzen
microwave oven   der Microwellenherd
oven   der Backofen/die Bratröhre
(to) overcook   verkochen
pot   der Kochtopf
pot cover   der Topfdeckel
(to) prepare   vorbereiten/zubereiten
pressure cooker   der Schnellkochtopf
refrigerator   der Kühlschrank
(to) roast   braten
roasting pan   der Bräter
(to) sauté   sautieren
skewer   der Speiß
skin (animal)   die Haut
skin (vegetable)   die Schale
stew pan   der Schmortopf/die Schmorpfanne
stove   der Herd
(to) toss   schwenken
(to) turn off (the stove)   ausschalten
(to) turn on (the stove)   einschalten
(to) undercook   nicht gar kochen

Beim Herrenfriseur (Kapitel 15)

a little   ein bißchen
at the sides   an den Seiten
barber   der (Herren)friseur
beard   der (Voll)bart
clippers   die Haarschneidemaschine
(to) cut someone's hair   jemandem die Haare schneiden
(to) get one's hair cut   sich die Haare schneiden lassen
(to) get one's hair washed   sich die Haare waschen lassen
hair   das Haar

        haircut (process)   das Haareschneiden
        haircut (coiffure)   der Haarschnitt
        in back   hinten
(to)   *like*   gefallen (dative)
        long   lang
        moustache   der Schnurrbart
        neck   der Nacken
        on the left/right side   auf der linken/rechten Seite
        on the neck   im Nacken
        on top   oben
        part   der Scheitel
        razor   der Rasierapparat/das Rasiermesser
        scissors   die Schere
        shampoo   das Schampoo
        short   kurz
        side   die Seite
        sideburns   die Koteletten
(to)   *trim*   nachschneiden/ein bißchen schneiden
(to)   *trim (facial hair)*   stutzen
(to)   *wash someone's hair*   jemandem die Haare waschen
(to)   *wear the part on the left/right*   den Scheitel links/rechts tragen

Beim Damenfriseur (Kapitel 16)

(to)   *brush one's hair*   sich die Haare bürsten
(to)   *comb one's hair*   sich die Haare kämmen
(to)   *comb out*   auskämmen
        cream rinse   die Creme-Spülung
        curly   kraus
        curly hair   krauses Haar
(to)   *dye someone's hair*   jemandem die Haare färben
        fingernail   der Fingernagel
(to)   *give someone a perm(anent)*   jemandem eine Dauerwelle machen
(to)   *give someone a set*   jemandem die Wellen legen
        hair dye   die Haarfarbe/das Haarfärbemittel
        haircut (coiffure)   der Haarschnitt
        hairdresser   der (Damen)friseur, die (Damen)friseuse
        hairdryer (hand-held)   der Fön
        hairdryer (stationary)   die Trockenhaube
        hairspray   das Haarspray/der Haarlack
        length   die Länge
(to)   *like*   mögen
        long   lang
        manicure   die Maniküre

nail polish   der Nagellack
on bottom/below   unten
perm(anent)   die Dauerwelle
roller   der Lockenwickler
scissors   die Schere
(to)   *set someone's hair*   jemandem die Haare legen
short   kurz
(to)   *spray*   sprühen
straight   glatt
straight hair   glattes Haar
toenail   der Fußnagel
wave   die Welle

Kleidung (Kapitel 17)

beige   beige
blouse   die Bluse
blouse size   die Blusengröße
boutique   die Boutique
brown   braun
business hours   die Geschäftszeiten
button   der Knopf
cash register   die Kasse
casual   leger
checked   kariert
chic   schick/flott
clothing   die Kleidung
clothing department   die Kleiderabteilung
coffee-colored   kaffeebraun
collar   der Kragen
color   die Farbe
comfortable   bequem
(to)   *cost*   kosten
counter   der Ladentisch
cream-colored   cremefarbig
cuff (sleeve)   die Manschette
cuff (pants)   der Aufschlag
cut (tailored)   geschnitten
dark blue   dunkelblau
dark grey   dunkelgrau
department store   das Kaufhaus
design   das Muster
display window   das Schaufenster
dove grey   taubengrau
dressy /elegant   elegant

embroidered   bestickt

epaulette   die Schulterklappe/das Schulterstück

expensive   teuer

fabric (material)   der Stoff

fabric shoe   die Schuhe aus Stoff

(to) *fit*   passen/sitzen (dative)

fitting room   der Umkleideraum

flat   flach

flat shoe   die flachen Schuhe

fly   der Hosenschlitz

fringe   die Franse

(to) *go well with (everything)*   gut zu (allem) passen/gut mit (allem) aussehen

grey   grau

heel   der Absatz/die Hacke

(to) *help someone*   jemandem helfen/jemandem behilflich sein

helpful   behilflich

high   hoch

high heel shoe   Schuhe mit hohen Absätzen/Hacken

How much is the ___?   Wie teuer ist der/die/das ___?

(to) *hurt (someone)*   weh tun *(dative)*

I would like…   Ich hätte gern…

khaki   khaki

lapel   der Aufschlag/Revers

large   groß

leather sole   die Ledersohle

light blue   hellblau

light brown   hellbraun

lined   gefüttert

lining   das Futter

long   lang

loose   weit

low heel shoe   die Schuhe mit flachen Absätzen/Hacken

material (fabric)   der Stoff

men's clothing   die Herrenbekleidung

men's clothing store   das Herrenbekleidungsgeschäft

narrow /tight   eng

neckline   der Ausschnitt

neutral   neutral

olive green   olivgrün

pair (of shoes/socks)   das Paar (Schuhe/Socken)

patterned   gemustert

(to) *pay*   bezahlen

pink   rosa

pleated pants   die Bundfaltenhose

pleated skirt der Faltenrock
pocket die Tasche
polka dot getüpft
price der Preis
printed bedruckt
right richtig
rubber sole die Gummisohle
running shoe die Joggingschuhe
rust-colored rostrot
salesclerk der Verkäufer, die Verkäuferin
sand-colored sandfarbig
selection die Auswahl
(to) sell verkaufen
shirt das Hemd
shirt size die Hemdgröße
shoes die Schuhe
shoe size die Schuhgröße
size die Größe
shoe store das Schuhgeschäft
shoelace der Schnürsenkel/Schuhriemen
short kurz
simple schlicht
skirt der Rock
sky blue himmelblau
sleeve der Ärmel
small klein
sole die Sohle
something simple etwas Schlichtes
stylish flott/schick
striped gestreift
store das Geschäft
(to) suggest vorschlagen
tight /narrow eng
(to) try on anprobieren
V-neck der V-Ausschnitt
waist die Taille
waterproof wasserdicht
(to) wear (size ___) (Größe ___) tragen
wine red weinrot
What do you think? Was meinen Sie?
women's clothing die Damenbekleidung
women's clothing store das Damenbekleidungsgeschäft
zipper der Reißverschluß

In der Reinigung und in der Wäscherei (Kapitel l8)

      dirty   schmutzig
(to) *dry clean* (chemisch) reinigen
      dry cleaners die Reinigung/chemische Reinigung
(to) *have done* machen lassen
(to) *have dry cleaned* (chemisch) reinigen lassen
(to) *have pressed* bügeln lassen
(to) *have washed* waschen lassen
      laundromat (coin-operated) die Münzwäscherei
      laundry die Wäsche
(to) *pick up (collect)* abholen
(to) *press* bügeln
      starch die Stärke
(to) *starch* stärken
      steampress die Bügelpresse
      underwear die Wäsche
(to) *wash* waschen
      wrinkled zerknittert

Beim Arzt (Kapitel 19)

(to) *advise someone (to)* jemandem raten (zu)
      allergic (to) allergisch (gegen)
      allergy *die Allergie*
      antibiotic das Antibiotikum
      appetite der Appetit
      appointment der Termin
      arm der Arm
      aspirin das Aspirin
      birth control pill die (Antibaby)pille
      blister die Blase
      blood group die Blutgruppe
      blood pressure der Blutdruck
      blood specimen die Blutprobe
(to) *be constipated* Verstopfung haben
      better besser
      breath der Atem
(to) *breathe* Atem holen
      breathing problems die Atembeschwerden (f. pl)
      capsule die Kapsel
      case der Fall
(to) *catch a disease/the flu* eine Krankheit/eine Grippe holen
      chest die Brust
      chills der Schüttelfrost

cold   die Erkältung/der Schnupfen
(to)   come to /regain consciousness   wieder zu sich kommen
congested /stuffed   verstopft
constipation   die Verstopfung
(to)   consult/visit   aufsuchen
(to)   consult a specialist   einen Spezialisten/Facharzt zu Rate ziehen, eine
     Spezialistin/Fachärztin zu Rate ziehen
cough   der Husten
(to)   cough   husten
(to)   describe   beschreiben
diagnosis   die Diagnose
diarrhea   der Durchfall
disease/illness   die Krankheit
dizzy   schwindlig
doctor   der Arzt, die Ärztin
doctor's office   das Sprechzimmer/die Praxis
ear   das Ohr
EKG (electrocardiogram)   das EKG (Elektrokardiogramm)
(to)   examine   untersuchen
examining table   der Untersuchungstisch
(to)   exhale   ausatmen
eye   das Auge
(to)   faint (pass out)   in Ohnmacht fallen/ohnmächtig werden
fee (per visit)   das Honorar (pro Besuch)
(to)   feel better   sich besser fühlen
(to)   feel dizzy   schwindlig sein *(dative)*
(to)   feel nauseous   Brechreiz verspüren
(to)   feel terrible   elend gehen *(dative)*
(to)   feel unwell   sich nicht gut/schlecht fühlen
fever   das Fieber
flu   die Grippe
food poisoning   die Lebensmittelvergiftung
general practitioner (GP)   der praktische Arzt/Hausarzt
(to)   have a cold   erkältet sein/eine Erkältung/einen Schnupfen haben
(to)   have a medical examination   sich ärztlich untersuchen lassen
(to)   have difficulty breathing   Atembeschwerden haben
head   der Kopf
headache   die Kopfschmerzen *(m. pl)*/ das Kopfweh
health insurance certificate   der Krankenschein
heart   das Herz
heartbeat   der Herzschlag
hospital   das Krankenhaus
house call   der Hausbesuch

ill /sick   krank

illness /disease   die Krankheit

(to)   *inhale*   einatmen

intestine   der Darm

(to)   *itch*   jucken *(dative)*

(to)   *lie down*   sich hinlegen

(to)   *listen to the heart/lungs*   die Herztöne/die Lungen abhorchen

(to)   *look (at)*   schauen (auf)/anschauen

lung(s)   die Lunge

(to)   *make a diagnosis*   eine Diagnose stellen

medical examination   die ärztliche Untersuchung

medicine   das Medikament

menstrual period   die Regel

migraine headache   die Migräne

mild   leicht

mouth   der Mund

nausea   der Brechreiz

needle   die Nadel

nose   die Nase

nurse (female)   die Krankenschwester/Krankenpflegerin

nurse (male)   der Krankenpfleger

(to)   *open*   öffnen

packet (small envelope of medication)   das Briefchen

pain/ache   der Schmerz

(to)   *pass out /faint*   in Ohnmacht fallen/ohnmächtig werden

patient   der Patient, die Patientin

pharmacy   die Apotheke

pill   die Tablette/Pille

practice   die Praxis

(to)   *prescribe (a medicine)*   (ein Medikament) verordnen/verschreiben

prescription   das Rezept

pulse   der Puls

rash   der Ausschlag

receptionist (at a doctor's office)   die Sprechstundenhilfe

(to)   *regain consciousness/come to*   wieder zu sich kommen

(to)   *roll up one's sleeve*   seinen Ärmel hochkrempeln

serious   ernst/schlimm/schwer

seriously ill   schwer krank

sick /ill   krank

sick person   der/die Kranke

sleeve   der Ärmel

(to)   *sneeze*   niesen

sore   wund

sore throat   die Halsschmerzen *(m. pl.)*/das Halsweh

specialist   der Spezialist, die Spezialistin/der Facharzt, die Fachärztin
specialty   der Fachbereich
spot   der Fleck
stomach   der Magen/Bauch
stomach ache   die Magenschmerzen/Bauchschmerzen *(m. pl)*
stretcher   die Krankenbahre
stuffed /congested   verstopft
(to) *suffer from*   leiden (an)
symptom   das Symptom
(to) *take a blood specimen*   eine Blutprobe abnehmen
(to) *take a deep breath*   tief Atem holen
(to) *take a urine specimen*   eine Urinprobe nehmen
(to) *take an X-ray (of ___)*   eine Röntgenaufnahme (von ___) machen
(to) *take one's blood pressure*   den Blutdruck messen
(to) *take one's pulse*   den Puls fühlen/nehmen
(to) *take one's temperature*   das Fieber messen
temperature   das Fieber
(to) *test one's eyes*   seine Augen testen
thermometer   das Fieberthermometer
throat   der Hals
tired   müde
torso /upper body   der Oberkörper
(to) *treat*   behandeln
unconscious   ohnmächtig
(to) *undress*   freimachen
upper body /torso   der Oberkörper
urine specimen   die Urinprobe
visit   der Besuch
(to) *visit/consult*   aufsuchen
(to) *vomit*   brechen/(sich) erbrechen/sich übergeben
wrist   das Handgelenk
X-ray   die Röntgenaufnahme
(to) *X-ray*   röntgen/eine Röntgenaufnahme machen

Der Unfall (Kapitel 20)

accident   der Unfall
adhesive bandage   das Pflaster/Heftpflaster
ankle/knuckle   der Knöchel
bandage/dressing   der Verband/die Binde
(to) *bandage/dress the wound*   einen Verband auf die Wunde legen
blood   das Blut
(to) *break one's leg*   sich das Bein brechen
compound fracture   der komplizierte Bruch

          crutch   die Krücke
(to) *cut one's (foot/finger)* sich in (den Fuß/Finger) schneiden
(to) *dress the wound/bandage* einen Verband auf die Wunde legen
          dressing/bandage der Verband/die Binde
(to) *fall* fallen
          fracture/break der Knochenbruch
(to) *hurt/injure* verletzen
          It hurt (me) badly. Es hat mir (sehr) weh getan.
          leg das Bein
(to) *lose blood* Blut verlieren
(to) *put a cast on one's (leg)* das Bein in Gips legen
          scar die Narbe
(to) *set the bone* den Knochen einrichten
          simple fracture der einfache Bruch
          sprain die Verstauchung
(to) *sprain one's ankle* sich den Knöchel verstauchen
          stitch/suture die Naht
(to) *stitch (up)/suture the wound* die Wunde nähen
          surgeon der Chirurg, die Chirurgin
          tetanus shot die Tetanusspritze
(to) *twist one's ankle* sich den Knöchel verrenken
(to) *visit/consult* besuchen
          wound die Wunde

Im Krankenhaus (Kapitel 21)

          admission form das Aufnahmeformular
          admissions office/admitting die Krankenhausaufnahme
          ambulance der Krankenwagen/Rettungswagen/Unfallwagen
          emergency der Notfall
          emergency doctor der Notarzt, die Notärztin
          emergency room die Unfallstation
          emergency telephone number die Notrufnummer
          emergency treatment die Notversorgung
(to) *fill out the form* das Formular ausfüllen
          head nurse (female) die Oberschwester
          health insurance die Krankenversicherung
          health insurance company die Krankenkasse
          heart attack der Herzinfarkt
          help die Hilfe
          hospital das Krankenhaus
          injured verletzt
          injured person der/die Verletzte
          insurance policy die Versicherungspolice
          insured party der/die Versicherte

medical   ärztlich
stretcher   die Krankenbahre
university hospital   die Universitätsklinik
wheelchair   der Rollstuhl

In der Apotheke (Kapitel 22)

adhesive bandage   das Pflaster/Heftpflaster/Hansaplast
ampoule   die Ampulle
antibiotic   das Antibiotikum
(to)   *avoid*   meiden
before going to sleep   vor dem Schlafengehen
bottle   die Flasche
by prescription   rezeptpflichtig
capsule   die Kapsel
cough drop/lozenge   die Hustenpastille
cough syrup   das Hustenmittel/der Hustensaft/Hustensirup
drugstore (toiletries only)   die Drogerie
elastic bandage   die elastische Binde/Bandage
(to)   *fill the prescription*   das Rezept einlösen
gauze bandage   die Mullbinde
(to)   *inject*   einspritzen
iodine tincture   die Jodtinktur
meal   die Mahlzeit
mouthwash   das Mundwasser
nonprescription/over-the-counter drug   das nichtrezeptpflichtige Medikament
package   das Päckchen
personal hygiene   die Körperpflege
pharmacist   der Apotheker, die Apothekerin
pharmacy   die Apotheke
powdered medicine   das Arzneipulver
(to)   *prepare*   vorbereiten
(to)   *prescribe*   verschreiben
prescription   das Rezept
prescription drug   das rezeptpflichtige Medikament
roll of adhesive tape   die Rolle Heftpflaster
shampoo   das Shampoo
soap   die Seife
solution   die Lösung
sterile   steril
small envelopelike packet of powdered medicine   das Briefchen
taking/using   die Einnahme
tissue/kleenex   das Tempotaschentuch
toiletries   die Toilettenartikel
toothbrush   die Zahnbürste

tube of toothpaste   die Tube Zahnpasta
vial (small bottle)   das Fläschen
vial of medicine   das Arzneifläschen
(to)   *wait*   warten
while taking this medicine   während der Einnahme dieses Medikaments

Kulturelle Veranstaltungen (Kapitel 23)

act   der Akt
actor   der Schauspieler/Darsteller
actress   die Schauspielerin/Darstellerin
advance ticket purchase   die Vorverkauf
adventure movie   der Abenteuerfilm
advertising   die Werbung
animated movie /cartoon   der Zeichentrickfilm/Zeichenfilm
(to)   *appear on the stage*   auf der Bühne erscheinen
(to)   *applaud*   applaudieren
audience   das Publikum/die Zuschauer
author   der Autor, die Autorin
avant garde play   das avantgardistische Theaterstück
balcony   der Balkon
(to)   *be playing (movie)*   laufen
box (theater)   die Loge
box office   die Theaterkasse/Kasse
cabaret   das Kabarett
cartoon/animated movie   der Zeichentrickfilm/Zeichenfilm
cast   die Besetzung
comedy   die Komödie/das Lustspiel
continuous showings   die Nonstopvorstellung
costume   das Kostüm
cowboy movie /western   der Wildwestfilm/Western
curtain   der Vorhang
curtain goes up/down   der Vorhand geht auf/fällt
curtain/show time   die Vorstellungszeit
detective movie   der Kriminalfilm/Krimi/Detektivfilm
documentary   der Dokumentarfilm
dress circle /first balcony   der erste Balkon/erste Rang
entrance   der Eingang
evening performance   die Abendvorstellung
event   die Veranstaltung
exhibition   die Ausstellung
feature film   der Spielfilm
film/movie   *der Film*
first balcony /dress circle   der erste Balkon/erste Rang

footlight   das Rampenlicht
front orchestra   das Parkett
funny   lustig
gallery   die Galerie/der oberste Rang
(to)   *go to the movies/theater*   ins Kino/Theater gehen
hit   der Hit
horror movie   der Horrorfilm
intermission   die Pause
leading lady   die Hauptdarstellerin
leading man   der Hauptdarsteller
(to)   *like (someone) best*   (jemanden) am liebsten haben
love story (movie)   der Liebesfilm
matinee   die Nachmittagsvorstellung
movie /film   der Film
movie theater   das Kino
museum   das Museum
music   die Musik
musical   das Musical
newsreel   die Wochenschau
nightclub   der Nachtklub
opera/opera house   die Oper
operetta   die Operette
ochestra   das Parterre
performance   die Aufführung/Vorstellung
play   das Theaterstück/Schauspiel
(to)   *play (a movie)*   laufen
(to)   *play a role*   eine Rolle spielen
porno movie   der erotische Film/Pornofilm
posted   angeschlagen
premiere   die Uraufführung/Premiere
(to)   *put on a play*   ein Theaterstück aufführen
(to)   *put on a show*   ein Kabarett zeigen
(to)   *receive (two, three) curtain calls*   (zweimal, dreimal) herausgerufen werden/(zwei, drei)
     Vorhänge bekommen
reservation   die Reservierung
(to)   *reserve*   reservieren
role   die Rolle
row   *die Reihe*
ring/tier   der Rang
sad   traurig
scene   die Szene
scenery/stage design   das Bühnenbild
science fiction movie   der Science-fiction Film
seat (piece of furniture)   der Sitz

seat (place to sit)   der Platz/der Sitzplatz
second balcony   der zweite Balkon/zweite Rang
short (film)   der Kurzfilm
show   die Show/die Aufführung
(to)   *show a movie*   einen Film zeigen
show/curtain time   die Vorstellungszeit/der Beginn der Vorstellung
sold out   ausverkauft
spy movie   der Spionagefilm/Agentenfilm
stage   die Bühne
stage design/scenery   das Bühnenbild
star   der Star
theater   das Theater
theater ticket   die Theaterkarte/Karte
ticket window   die Kasse
tier/ring   der Rang
tragedy   die Tragödie/das Trauerspiel
type of movie   die Filmgattung
type of play   die Theaterstückgattung
usher   der Platzanweiser, die Platzanweiserin
western/cowboy movie   der Wildwestfilm/Western

Sport (Kapitel 24)

armstand   der Handstand
attack   der Vorstoß
back float   das Rückenlagetreiben
backstroke   das Rückenschwimmen
backwards   rückwarts
ball   der Ball
breaststroke   das Brustschwimmen
butterfly stroke   das Schmetterlingsschwimmen
cable car lift/funicular   die Seilschwebebahn
(to)   *catch the ball*   den Ball fangen
chairlift   der Sessellift
crawl   das Kraulschwimmen
cross-country skiing   der Langlauf
(to)   *defend*   verteidigen
defender   der Verteidiger
dive   der Kunstsprung
(to)   *dive*   kunstspringen
diver   der Springer, die Springerin
diving   das Springen/das Kunstspringen/das Wasserspringen
diving board   das Sprungbrett
doubles match   das Doppelspiel

    downhill skiing der Abfahrtslauf
(to) *drive (golf)* treiben
    entry (diving) das Eintauchen
(to) *even up the score* den Spielstand gleichen
    feet first mit den Füßen voran
(to) *float on one's back* sich in Rückenlagetreiben lassen
    forwards vorwärts
    out/out of bounds das Aus
    game/match das Spiel
    goal das Tor
    goal post der Torpfosten
    goalie/goalkeeper der Torwart/Tormann
    golf das Golf
    golf ball der Golfball
    golf club der Golfschläger
    golf course der Golfplatz
    golfer der Golfspieler, die Golfspielerin
    green (golf) das Grün
    handle der Griff
    head first mit dem Kopf voran
(to) *head the ball* (den Ball) köpfen
    header der Kopfstoß
(to) *hike* wandern
(to) *hit* treffen
    hole das Loch
    ice skate der Schlittschuh
(to) *ice skate* schlittschuhlaufen/eislaufen
    ice skating rink die Schlittschuhbahn/die Eisbahn
(to) *impose a penalty kick* einen Strafstoß verhängen
    indoor swimming pool das Hallenbad/die Schwimmhalle
(to) *jog* joggen
    kick der Fußtritt
(to) *kick* kicken
    lake der See
    left outside (forward) der Linksaußen
    libero/sweeper (soccer) der Libero
(to) *lose* verlieren
    love (tennis) null
    match/game das Spiel
    midfielder der Mittelfeldspieler
    net/netball der Netzball
    ocean/sea das Meer
    offense der Angriff
    outdoors draußen

opponent   der Gegner
outdoor pool   das Freibad
(to)   *pass the ball (to someone)*   den Ball (an jemandem) abgeben
penalty kick   der Strafstoß
perspiration/sweat   der Schweiß
pike position (diving)   gebückt
(to)   *play*   spielen
player   der Spieler, die Spielerin
playing field   der Sportplatz
point   der Punkt
pool   das Schwimmbecken
(to)   *punch (the ball)*   fausten
(to)   *putt (golf)*   putten
racket   der Tennisschläger
referee   der Schiedsrichter, die Schiedsrichterin
(to)   *return (a ball)*   zurückschlagen
receiver (tennis)   der Rückschläger, die Rückschlägerin
right inside (forward)   der rechte Innenstürmer
(to)   *roller skate*   rollschuhlaufen
rope tow   der Schlepplift
score   der Spielstand
scuba diving   das Gerätetauchen/Sporttauchen
sea   die See/das Meer
(to)   *serve (tennis)*   aufschlagen
server   der Aufschläger, die Aufschlägerin
(to)   *shoot, kick (soccer)*   schießen
side line   die Seitenlinie
sidestroke   das Seitenschwimmen
singles match   das Einzelspiel
ski   der Schi
(to)   *ski*   schilaufen
ski boot   der Schischuh/Schistiefel
ski instruction   der Schiunterricht
ski instructor   der Schilehrer, die Schilehrerin
ski lodge   die Schihütte
shi pole   der Schistock
ski run   die Piste
skier   der Schiläufer, die Schiläuferin
skiing   das Schilaufen
slalom course   die Slalompiste
soccer ball   der Fußball
soccer field   der Fußballplatz
soccer game/match   das Fußballspiel
soccer player   der Fußballspieler/der Fußballer

sport der Sport
stadium das Stadion
stands (seating) die Tribüne
starting position die Absprungstellung
steep steil
straight position (diving) gestreckt
striking surface (tennis) die Schlagfläche
sweat/perspiration der Schweiß
sweat band das Schweißband
(to) *swim* schwimmen
swimmer der Schwimmer, die Schwimmerin
swimming das Schwimmen
swimming pool das Schwimmbecken
swimming stroke der Schwimmstil
(to) *take possession of the ball* den Ball in Besitz nehmen
team die Mannschaft
tennis das Tennis
tennis ball der Tennisball
tennis court der Tennisplatz
tennis match das Tennisspiel
tennis net das Tennisnetz
tennis player der Tennisspieler, die Tennisspielerin
tennis racket der Tennisschläger
tennis shirt das Tennistrikot
tennis shorts die Tennishose
tennis skirt der Tennisrock
tennis sneaker der Tennisschuh
(to) *throw (in) the ball* den Ball einwerfen
tied (score) unentschieden
tuck (diving position) gehockt
double chair lift der Doppelsessellift
umpire der Schiedsrichter, die Schliedsrichterin
waterskiing das Wasserschilaufen
(to) *whistle* pfeifen
(to) *win* gewinnen
windsurfing das Windsurfing
zero null

Das Wohnen (Kapitel 25)

air conditioned klimatisiert
air conditioner die Klimaanlage
apartment die Wohnung
apartment house der Wohnblock/das Mietschaus/Apartmenthaus

attic   der Dachboden

basement/cellar   der Keller

bathroom   das Bad/Badezimmer

bedroom   das Schlafzimmer

(to)   *build*   bauen

cellar/basement   der Keller

center/old part of town   die Altstadt

central heating   die Zentralheizung

city   die Stadt

commune   die Wohngemeinschaft

condominium apartment   die Eigentumswohnung

corridor   der Korridor

courtyard   der Hof

dining room   das Eßzimmer

door   die Tür

down   hinunter

elevator   der Lift/Aufzug/Fahrstuhl

entrance   der Eingang

exclusive residential district   das Villenviertel

fence   der Zaun

first/ground floor   das Erdgeschoß/Parterre

floor   das Stockwerk/die Etage

foyer   der Vorraum

front door   die Haustür

garage   die Garage

garden   der Garten

(to)   *go down*   hinunterfahren

(to)   *go up*   hinauffahren

ground/first floor   das Erdgeschoß/Parterre

hall   der Flur/die Diele

heat/heater   die Heizung

house   der Haus

housing development   die Wohnsiedlung

housing possibilities   die Wohnmöglichkeiten

kitchen   die Küche

installations/equipment   die Einrichtung

(to)   *live/reside*   wohnen

living room   das Wohnzimmer

lodgings   die Bude *(slang)*

mortgage   die Hypothek

old part/center of town   die Altstadt

(to)   *own*   besitzen

owner/proprietor   der Eigentümer, die Eigentümerin

provision   der Vorat

rent   die Miete
(to) *rent*   mieten
room   das Zimmer
row house   das Reihenhaus
running water   fließendes Wasser
second floor   die erste Etage/das erste Stockwerk
single-family (detached) house   das Einzelhaus/Einfamilienhaus
stairs   die Treppe
state-subsidized housing   die Sozialwohnung
storage   die Lagerung
storeroom (for supplies)   der Lagerraum
storeroom (for little-used articles)   der Abstellraum
suburb   der Vorort/die Vorstadt
tenant   der Mieter, die Mieterin
third floor   die zweite Etage/das zweite Stockwerk
two-family (attached) house   das Doppelhaus
up   hinauf
wardrobe   der Kleiderschrank
window   das Fenster
with all conveniences   mit allem Komfort
wood   das Holz

Der Unterricht (Kapitel 26)

algebra   die Algebra
art   die Kunst
art history   die Kunstgeschichte
(to) *attend*   besuchen
auditor   der Gasthörer, die Gasthörerin
biology   die Biologie
board of examiners   die Prüfungskommission
chemistry   die Chemie
(to) *choose/select*   wählen
comparable   vergleichbar
computer science   die Informatik
compulsory school   die Pflichtschule
course   der Kurs
degree   der Grad
diploma   das Diplom
doctoral dissertation   die Doktorarbeit
doctorate   der Doktorgrad
dormitory   das Studentenheim
elective (subject)   das Wahlfach
(to) *enroll (in the University)*   (an der Universität) immatrikulieren

(to) *enroll for/in (a course)*   (einen Kurs) belegen
       faculty   der Lehrkörper
(to) *fail*   durchfallen
       failing (grade)   ungenügend
       (special) field   das Fachgebiet
       field of knowledge   das Wissensgebiet
       field of study   das Studienfach
       financial aid   die Studienbeihilfe
       foreign language   die Fremdsprache
       geography   die Geographie/Erdkunde
       geometry   die Geometrie
       German language and literature   die Germanistik
       grade/mark   die Note
       graduation   der Schulabschluß
       history   die Geschichte
       home economics   die Hauswirtschaft
       instruction   der Unterricht
       latin   das Latein
(to) *learn*   lernen
       lecture (course)   die Vorlesung
       literature   die Literatur
       locker   das Schließfach
       lodger   der Untermieter, die Untermieterin
       major   das Hauptfach
       mark/grade   die Note
       master's degree   der Magistergrad
       math(ematics)   die Mathe(matik)
       minor   das Nebenfach
       music   die Musik
       natural science   die Naturwissenschaft
       occupation/profession   der Beruf
       oral examination   die mündliche Prüfung
       out-of-town   auswärtig
(to) *pass (an exam)*   bestehen
       passing (grade)   ausreichend
       philosophy   die Philosophie
       physical education   der Sport
       physics   die Physik
       postsecondary school   die Hochschule
       pupil   der Schüler, die Schülerin
       preschool   der Kindergarten
       primary grades   die Grundschule
       profession/occupation   der Beruf
       professor   der Professor/die Professorin

psychology   die Psychologie

(to)   *register (in the University)*   sich (an der Universität) einschreiben/anmelden

registration fee   die Anmeldgebühr/Einschreibegebühr

required class/course   die Pflichtvorlesung

required subject   das Pflichtfach

required to attend school   schulpflichtig

research   die Forschung

satisfactory (grade)   befriedigend

schedule   der Studenplan

scholarship   das Stipendium

school   die Schule

school/division (of a university)   die Fakultät

secondary school   die Oberschule

secondary school diploma entitling the recipient to study at a university   das Abitur/Abi

secondary school offering (the Abitur)   das Gymnasium

(to)   *select/choose*   wählen

semester   das Semester

social science   die Sozialwissenschaft

sociology   die Soziologie

state examination (required at end of university studies, e.g. for teaching, law, etc.)   das Staatsexamen

student (Gymnasium)   der Gymnasiast/die Gymnasiastin

student (university)   der Student, die Studentin/der Studierende

student cafeteria   die Mensa

student dormitory   das Studentenheim

student lodging room   die Studentenbude

study/studies   das Studium

subject   das Fach

(to)   *take courses/be enrolled in a university*   studieren

(to)   *take an examination*   eine Prüfung ablegen

(to)   *teach*   lehren/unterrichten

teacher   der Lehrer, die Lehrerin

technical college   die Technische Hochschule

test   die Prüfung

training   die Ausbildung

trigonometry   die Trigonometrie

tuition   die Studiengebühr

university   die Universität

unsatisfactory (grade)   mangelhaft

zoology   die Zoologie

Die Arbeit (Kapitel 27)

accounting   das Rechnungswesen

actor/actress   der Schauspieler, die Schauspielerin

advertising   die Werbung
aerospace industry   die Luft- und Raumfahrtindustrie
agriculture/farming   die Landwirtschaft
applicant   der Bewerber, die Bewerberin/der Kandidat, die Kandidatin
application   die Bewerbung
artisan   der Handwerker, die Handwerkerin
artist   der Künstler, die Künstlerin
artist's studio   das Atelier
base salary   das Grundgehalt
basic knowledge   die Grundkenntnis
(to) *begin (a job)*   antreten
bookkeeper   der Buchhalter, die Buchhalterin
bonus   die Zulage
boutique   die Boutique
business administration   die Betriebswirtschaft
compensation   die Vergütung
computer science/data processing   die Informatik
curriculum vitae/résumé   der Lebenslauf
dancer   der Tänzer, die Tänzerin
department store   das Kaufhaus
doctor   der Arzt, die Ärtzin
documents   die Unterlagen
(to) *earn (a salary)*   (ein Gehalt) beziehen
employed   berufstätig
employee   der Angestellte, die Angestellte
employment/work   die Beschäftigung/Tätigkeit
engineer   der Ingenieur, die Ingenieurin
factory   die Fabrik
farm   der Bauernhof
farmer   der Bauer, die Bäuerin
farming/agriculture   die Landwirtschaft
fee   die Gebühr
fee (doctors, lawyers)   das Honorar
field (agriculture)   das Feld
field (subject)   der Bereich
(to) *fill out*   ausfüllen
full time (main occupation)   hauptberuflich
full-time job   die Vollzeitbeschäftigung
government employee/civil servant   der (Staats)beamter, die (Staats)beamtin
handicraft   das Handwerk
having a diploma in business administration   Diplom-Betriebswirt
hospital   das Krankenhaus
job   die Stelle

job interview   das Vorstellungsgespräch
knowledge   die Kenntnis
laborer/worker   der Arbeiter, die Arbeiterin
lawyer   der (Rechts)anwalt, die (Rechts)anwaltin
(to)   *look for/seek*   suchen
medicine   die Medizin
monthly   monatlich
nurse   die Krankenschwester/der Krankenpfleger, die Krankenpflegerin
occupation/profession   der Beruf
office   das Büro
office worker   der Büroangestellte, die Büroangestellte
opera singer   der Opernsänger, die Opernsängerin
organization   die Organisation
overtime   die Überstunden
part-time job   die Teilzeitbeschäftigung
performance   die Vorführung
personnel department   die Personalabteilung
position   die Stellung
profession   der Beruf
professor   der Professor, die Professorin
public service   der öffentliche Dienst
(to)   *receive*   bekommen
reference   die Referenz
résumé/curriculum vitae   der Lebenslauf
retired person   der Rentner, die Rentnerin
salary (civil servants, employees)   das Gehalt
salary (performers)   die Gage
salesclerk   der Verkäufer, die Verkäuferin
school   die Schule
secretary   der Sekretär, die Sekretärin
soldier   der Soldat, die Soldatin
soldier's pay   der Sold
store   der Laden
student   der Student, die Studentin
studio   das Atelier
teacher   der Lehrer, die Lehrerin
temporary job   die Zeitarbeit
town hall   das Rathaus
unemployed   arbeitlos
wages (laborers, artisans)   der Lohn
work   *die Arbeit*
(to)   *work*   arbeiten
worker/laborer   der Arbeiter, die Arbeiterin

Das Wetter (Kapitel 28)

air die Luft
autumn/fall der Herbst
fair (weather) heiter
clear klar
cloud die Wolke
cloudy bewölkt/wolkig
cold kalt
cool kühl
cyclone/tornado der Wirbelsturm
degree der Grad
downpour der Platzregen
drizzle der Sprühregen
(to) drizzle nieseln
dry trocken
fall/autumn der Herbst
fine fein
fog der Nebel
(to) freeze frieren
hail der Hagel
heavy/strong stark
high/maximum temperature die Höchsttemperatur
How is the weather today? Wie ist das Wetter heute?
ice das Eis
light/mild schwach
lightning der Blitz
mild/light schwach
moderate mäßig
overcast bedeckt
(to) pour (rain) in Strömen gießen/in Strömen regnen
precipitation der Niederschlag
rain der Regnen
(to) rain (heavily) (stark) regnen
rainstorm der Regensturm
rainy regnerisch
(to) shine scheinen
severe/violent heftig
sky der Himmel
snow der Schnee
(to) snow schneien
spring der Frühling
storm der Sturm
strong/heavy stark

summer der Sommer
sun die Sonne
sunny sonnig
temperature die Temperatur
thunder der Donner
thunderstorm das Gewitter
tornado/cyclone der Wirbelsturm
violent/severe heftig
water droplet das Wassertröpchen
warm warm
weather das Wetter
weather forecast die Wettervorhersage/Wetterprognose
weather forecaster/meteorologist der Meteorologe, die Meteorologin
wind der Wind
windy windig
winter der Winter
zero degrees null Grad

Index

In the following Index, the numbers in bold indicate the page number in the Appendix of the vocabulary list for each communicative topic in the book.